光尘
LUXOPUS

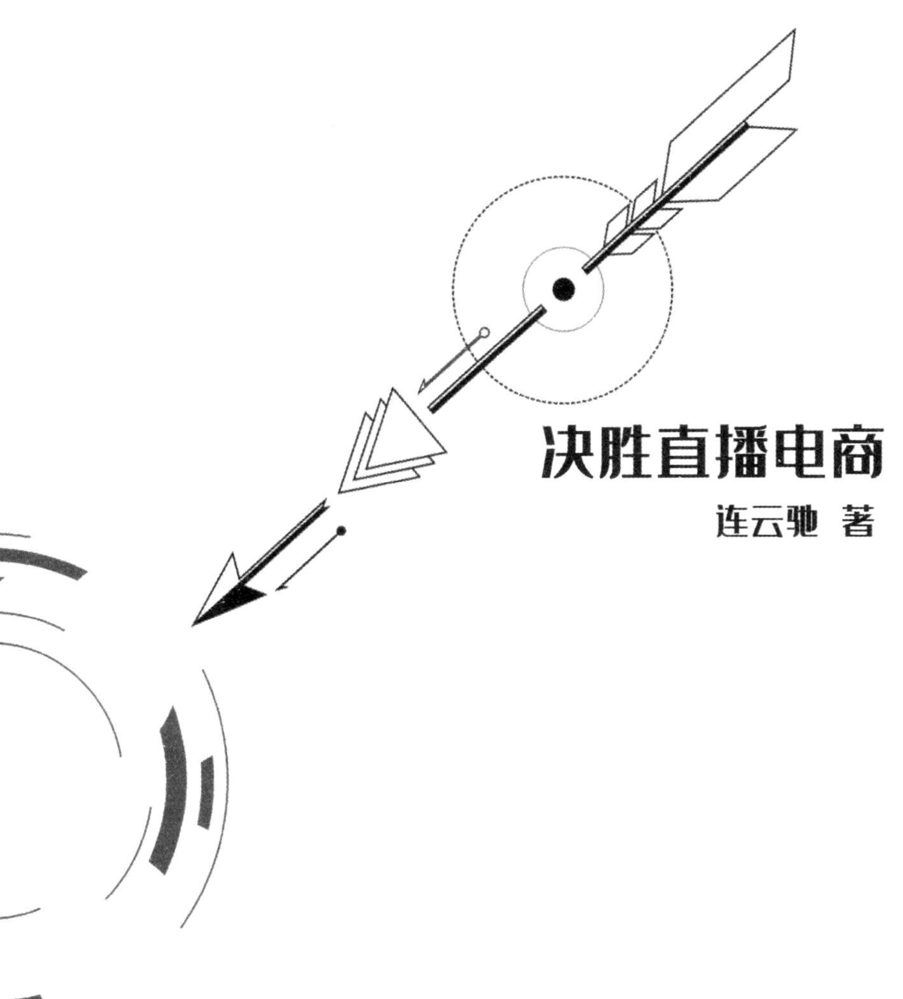

决胜直播电商

连云驰 著

北京联合出版公司
Beijing United Publishing Co.,Ltd.

图书在版编目（CIP）数据

决胜直播电商 / 连云驰著 .—北京：北京联合出版公司，2021. 4

ISBN 978-7-5596-5199-0

Ⅰ . ①决… Ⅱ . ①连… Ⅲ . ①网络营销 Ⅳ . ① F713.365.2

中国版本图书馆 CIP 数据核字（2021）第 061919 号

决胜直播电商

著　　者：连云驰

出 品 人：赵红仕

责任编辑：管　文

北京联合出版公司出版

（北京市西城区德外大街 83 号楼 9 层　100088）

北京联合天畅文化传播公司发行

北京美图印务有限公司印刷　新华书店经销

字数 165 千字　880 毫米 ×1230 毫米　1/32　8 印张

2021 年 4 月第 1 版　2021 年 4 月第 1 次印刷

ISBN　978-7-5596-5199-0

定价：69.00 元

推荐语

Recommends

2020 年，直播成为推动商业运行的重要一环，成为商业模式中不可或缺的一部分。深入研究直播的商业技巧，对于形成消费品企业的核心竞争力来说已然是刻不容缓的工作。这本书提供了快速学习的素材。

中国科学院分析化学博士、抖音百万粉丝主播　**顾新华**

干货分享！书中研究的大量实操案例、总结的行业经验，非常值得借鉴。读完这本书就想要马上行动。

马克华菲副总裁　**袁雅芳**

本书值得一读再读。看懂书中的逻辑框架，体会直播背后的人性所向。

盛时钟表集团股份有限公司首席创新官　**于　欣**

直播已经渗透到人们的工作生活当中。这本书通过“人设、选品、作品、播品”四个维度的总结，提炼前行者的实践经验，不仅有丰富的案例，还有逻辑完整的框架，推荐阅读。

万邦化妆品集团董事长、兰瑟创始人　**周昭阳**

这本书为我们打开了直播电商的认知大门，适合直播电商从业者深入理解这个商业形态的底层逻辑。

广东天天好日子食品有限公司董事长　**张贵忠**

直播也有红利期，早行动、早得益。这本书着眼方法，既有思维框架，又有生动案例，有助于快速叩开直播之门。掌握其思考方式之精髓，更会有助于你在开展直播电商业务时触类旁通。

汕头奇伟实业有限公司董事长　**周坤江**

商业环境随时代的发展而变化，科学技术是驱动商业世界不断进步的核心动力。而今，直播技术让商业零售又发生了一次新的迭代升级。这本书以直播电商这个商业新模式为切入点，用丰富的实战案例，解析这个新商业态的成功途径，旨在揭示直播这一商业新生态背后的人性。世界万千变化，唯有人性亘古不变。

广东乐奇婴童用品科技有限公司董事长　**陈景雄**

作为一线营销人，连云驰对营销行业的判断和总结总是给人启发，这次的新作更是可以感受到扑面而来的热情。“定位人设、精准选品、疯传作品、爆单播品”的思维框架以及诸多一线实操案例，让本书具有实战的参考价值。

广东滨适旺纺织科技有限公司董事长、总经理　**胡汉滨**

通过第一线的实践和调研，用心观察和研究总结，这本书是连云驰在直播一线的实践和多年商业思考的成果展现。这是一份饱含诚意的作品。

上海锐明企业管理咨询有限公司总裁　**汪洪涛**

抖音、快手打开了直播的红利窗口，淘宝直播也大放异彩。如何把握直播的本质，享受直播红利，创业者、企业家、营销人都急切地想知道答案。连云驰长期关注互联网营销，这本书包括丰富的实战案例、完整的思考框架，并借鉴营销学、心理学、行为经济学的成果，总结出了颇有见地的内容。

英盛网、英盛企管董事长，中国培训网总裁　**纪传盛**

目录
Contents

序言
Foreword

直播电商火了！

2020 年初的一场疫情，让直播电商这支电商偏师变成了市场营销的主力军。

受疫情影响，许多企业经营受阻、业绩受困。2020 年 3 月开始，梁建章、董明珠、宗庆后等一众知名企业家，纷纷入局直播间，开启了自己的直播带货首秀，图强自救。各地政府为推动复工复市，市长、县长们也纷纷进入直播间，为地方特产路演带货。直播间成了疫后推动地方经济复苏的一个重要战场。影视业受疫情的冲击，院线停摆，众多演艺工作者被迫停工。明星们纷纷转战入局直播带货，直播间里出现了一道道亮丽的风景线。娱乐圈内甚至有人说，用能否接到邀约来衡量一个明星是否已经过气。还有央视，为了助推经济复苏，接连上演了“小朱配琦”“欧阳夏丹喊你来下单”“央视 boys 带货天团”等带货直播。

一时间，政府、企业、媒体、明星都涌进直播间带货，加上在市场中奋力耕耘的原生直播网红，推动直播电商成为一时风潮。

热潮之下，人们不禁要问：

直播电商还会火多久？

企业是否要做直播电商？

个人能否入局直播电商？

还有更多人直接提问：我们如何做直播电商？

直播，在 PC（个人计算机）互联网时代发端。最初，由于网络游戏需要团队配合，因为在游戏时打文字沟通影响进度，所以语音软件受到了游戏玩家的追捧。随着玩法的增多，K 歌、聊吧等渐渐深入人心。

接着，视频直播火了起来。随着欢聚时代（YY 语音开发商）的上市，大批资本入局直播秀场。2016 年被称为秀场时代，以 9158、六间房、YY 为代表的主播表演式视频直播十分繁荣，K 歌、打赏成为一时风潮。这一年，市场上涌现出成百上千的直播平台。在一片繁荣的景象下，一些不规范的行为出现，泥沙俱下。视频直播随即迎来一轮市场管制。

此时的直播电商是另辟蹊径。

2011 年起，新浪微博上开始有年轻靓丽的女生发布穿搭、美妆教程，借助这一模式成为网红。她们将微博的流量粉丝引导到自己的淘宝店促进成交，这就是最初的网红带货模式。2014 年，大批网红淘宝店因此崛起。

2016 年，受秀场直播启发，蘑菇街推出“直播 + 电商”模式，成为直播电商的鼻祖。之后淘宝、京东等纷纷跟进。

2018 年，抖音、快手短视频平台崛起，短视频引流成交的价值逐渐被市场认可。为解决收入闭环的问题，抖音、快手纷纷搭建了直播中台。

2019 年，李佳琦出圈抖音，充斥着魔性叫卖声“Oh my God!”“买它！买它！买它！”的短视频，让他迅速蹿红成为“口红一哥”。同年，淘宝直播电商的引导成交总额达到 2 000 亿元，较 2018 年翻番，成为飞速成长的业务板块。直播电商，开始引人关注。

2020 年，受疫情影响，人们居家隔离，线下销售受困，直播电商开始爆发。从美妆、食品、服饰、鞋包，到汽车、房产，甚至火箭，一场“直播万物”的大戏由此拉开帷幕。直播电商自此纵身一跃，从市场边缘走进了市场的中心。

有人会问，直播电商能火多久？

我先讲一个身边发生的真实故事。

你是否听过“天天好日子”品牌？我想大多数人的回答是否定的。这是一家做休闲零食的广东企业，与千万家普普通通的企业一样，日子过得平淡无奇却也坚实。老张创业 20 多年，一直深耕线下渠道，公司每年有几个亿的销售额。在广东、福建、云南这些区域市场的线下商超、流通渠道，有着较高的市场见货率。2019 年，大儿子小张加入公司的经营管理层，负责电商和区域市场的拓展。老张请我做小张的营销教练。

2020 年初，疫情突发，线下生意骤然停滞，老张一筹莫展，多次给我打电话，商讨对策。我给他的建议是“上抖音”。于是，小张带着年轻人特有的冲劲说干就干。从电商业务团队中抽调力量，迅速开拍短视频，并尝试直播。

最开始的一周，大家一头雾水。怎样的短视频会有更高的播放量？直播要注意哪些要点？视频人设与直播人设如何匹配？怎样才能带来更高的直播流量？直播间的销售转化率如何提高？团队摸着石头过河，边学变干，实践演练各个环节。

在抖音开播的第 7 天，好日子食品的一条短视频爆红网络。播放量破 10 万、20 万、50 万……100 万，短短几小时，这条视频被疯狂点赞和评论。看到播放量的迅速上升，小张兴奋地安排团队马上开直播。

“大家好，我是九九红，今天在我们直播间的宝宝们，只要加入粉丝团，就能获得粉丝福利。9.9 元，三袋牛肉干……在直播间的宝宝们，我们马上开始下一个活动，一元秒杀！一元秒杀！限 200 单。这个是给我们粉丝的专享福利，大家点亮一下粉丝灯牌……今天，直播间里，我们这款产品历史最低价，只要 19.9 元，只要 19.9 元……”

从下午 4 点半开始，直到凌晨 12 点，直播间里人气爆棚。这场直播带来的汹涌的流量和飞增的订单远远超出了大家预期。销售额嗖嗖地往上蹿，整场达到了 8.7 万元。主播“九九红”的嗓子快喊哑了，运营小助理奔前跑后，满头大汗。小张亲自坐镇场控，做组合、调价格、促下单。6 个人的小团队，紧密协作。

下播后，小伙伴们兴奋极了。直播间里，大家开心地拥抱在一起，又蹦又跳，唱起了胜利之歌。场面热烈得仿佛能把直播间的顶棚掀翻。

最终复盘，这场直播没有花钱投放抖加，仅凭短视频的自然流量，就给直播间带来了 20 多万客流，成交数千单。次日，小张给这条爆款短视频投抖加，继续加热。直播间再次进来数万客流，当日的销售额达 3.5 万元。这一条短视频的热播，在连续的三天内，给好日子食品的账号引来了 40 多万人次的直播间流量，积累近 3 万粉丝，销售额超过 15 万元。

小伙伴们击掌相庆、欢欣鼓舞的这一幕，深深地印在我的脑海中。而三天 40 多万人次的流量、新增 3 万粉丝、达成 15 万的销售额，更让我意识到，一个新的时代到来了！

直播，可以改变一家企业，可以改变千万家企业，可以改变零售商业的生态。

直播电商必将是企业营销中的标配，就像过去的商场不能缺少营业员。特别是在消费品领域，不懂得做直播电商的企业，必将会失去大片市场，并在竞争中落后，处于被动挨打的局面。企业，特别是消费品领域的企业，必须了解、熟悉、懂得并参与直播电商，将之应用到自己营销渠道的组合中。

市场会证明：直播不是风口，而是常态！

第一章

直播的逻辑

直播电商是新零售变革的新物种

人们常把2016年称为“直播元年”。这一年，在资本的推动下，国内接连涌现出300多家网络直播平台，观看直播的用户数量也快速增长。当绝大多数玩家专注于游戏直播、娱乐直播的时候，蘑菇街第一个“吃螃蟹”，将直播嫁接于电商带货。同年3月，蘑菇街直播上线，打造“直播+内容+电商”平台。

蘑菇街走上这条路，也是无奈求生之举。2012年，电商导购网站蘑菇街和美丽说，一度占据淘宝10%的订单来源，一年内从淘宝手里拿走6亿佣金。早期的淘宝，商品海量，因此用户的购物效率不高，这给了导购网站很大的生存空间。导购平台逐渐做大，引起了阿里的警惕。阿里担心，卧榻之侧，他人酣睡。如果任由导购网站做大，用户养成了先看导购，再到淘宝购物的习惯，淘宝将会失去话语权。导购网站将可能反客为主，“挟用户以令平台”。

2013年，阿里做了一个重大的决定，不再扶持导购返利网站，出台了封杀第三方导购平台的政策。一夜之间，蘑菇街、美丽说等痛遭晴天霹雳。之后这两家平台合并，并且一直在探索出路。2016 年，YY 语音所属公司在资本市场上市，瞬间带火直播，一时群英聚首，千播大战。而当时的蘑菇街尝试抢风口，开启直播带货。

传统的货架电商，一件新款服装从到货到拍照，再到售卖，需要一周。直播，则是收到货就可以开卖。对于季节性极强的服装类目来说，再也没有比直播更有效率的售卖方式了。蘑菇街培养主播，与商家合作，一次直播就可能完成几百万元甚至上千万元的销售额。主打女装的蘑菇街，把直播模式跑通了。不仅完善了自身的供应链，还培育出十几个头部主播，也为整个直播电商行业培养了第一批带货主播。

不久，阿里和京东也入局直播。早在 2014 年，阿里在淘宝移动化的同时，就开始重点布局包括图文、短视频在内的淘宝内容生态。2016 年千播大战的爆发，让阿里看到了直播与卖货结合的可能。3 月，淘宝直播内测，邀请了一批形象气质、粉丝数量、带货能力都不错的淘女郎到淘宝总部进行直播培训。4 月，淘宝直播正式上线，第一批主播主要来自淘女郎。现在的淘宝直播“一姐”薇娅，就是在 2016 年 5 月接到了淘宝小二的邀请入驻电话。

淘宝直播有货品优势，有流量倾斜，有淘女郎作为主播基础，很快初见规模。仅 2016 年，淘宝直播就有超过 1 万名主播入驻，120 家机构签约，推出 70 余档 PGC（专业生产内容）栏目，完成 65 万场直播，服务 80 万商家，用户观看时长累计 1.4 亿小时。

随后的两年内，直播电商如破土而出前的竹节，在默默潜行中高速发展。2018 年的淘宝直播月增速达 350%，日均直播场次超 6 万，日活跃用户 800 万～ 1 000 万，带动超千亿 GMV（一定时间段的成交总额）。每月固定一天举办的 24 小时排位赛，更是进行得火热。淘宝平台规定，按照商品类目分成不同赛道，对成交量 Top 榜的主播，给予淘宝直播首页露出三周的扶持，以平台流量诱导主播卖力带货。主播为了获取机会，自然充分调动粉丝、朋友圈等站内外流量，形成了流量交互促进的局面。QuestMobile 数据显示，淘宝直播、达人、视频等内容的构建增加了手机淘宝的用户使用黏性，手机淘宝直播流量占比从 2017 年 9 月的 4.3% 上升到 2018 年 9 月的 9.1%。

2019 年，经历过几年的浮沉，淘宝直播终于修得正果。淘宝直播独立 App 正式上线。也是这一年，“直播一姐”薇娅全年引导销售额达 27 亿元，业绩斐然。李佳琦则是人气出圈，声名鹊起。淘宝直播的 GMV 达 2 000 亿元，较去年翻倍，年度用户超 4 亿。同年，几乎所有的电商平台都入局了直播带货。京东、快手、抖音、拼多多、小红书等平台都把直播带货当成最重要的战略之一。2020 年初的疫情使大家不得不居家隔离，这让直播电商迅速崛起。直播作为基础营销方式，迅速改变各行各业。董明珠、梁建章等企业家入局直播间，使直播如虎添翼。各路明星上阵直播，让直播电商更是锦上添花。

“直播电商”是通过视频直播的形式推荐产品并促成最终成交的电子商务经营方式。通过主播、助理、场控、客服、运营、选品等各个岗位的协同配合，实现交互式、场景式、导购式营销。

相较于之前传统的货架式电商，增加了主播主动介绍的环节，能够更清晰地突显产品的卖点。购物环节中的现场感、紧迫感、满足感、参与感更强。直播电商更容易激发目标客群的自我未知需求，促成冲动型消费，有利于企业提高销售的转化率、连带率、复购率。传统的货架式电商，消费者一般都有较为明确的购买目的，主动搜索货品，属于“人找货”的模式。而直播电商，则是“货找人”模式。消费者未必有明确的消费目的，常常是在看直播的过程中，被激发购物需求。

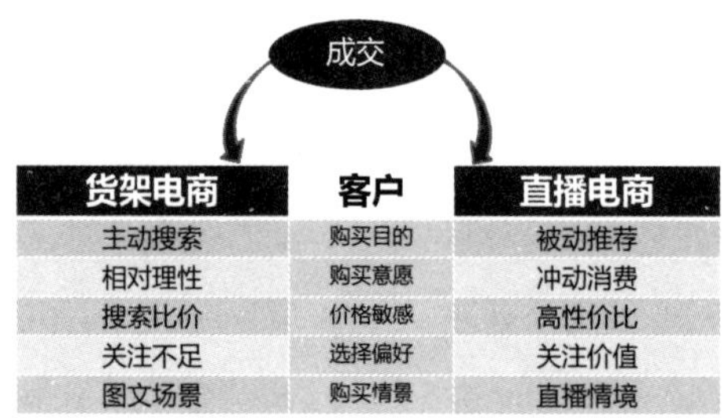

图 1-1　货架电商 VS 直播电商特点对比图

与传统的电视购物相比，直播电商因为应用移动互联网技术，用户可以便捷地实时互动，使得购物的现场感更强。虽然，它与电视购物有相同之处，比如都会设计有稀缺感、紧迫感的营销逼单话术，都会有激情澎湃的语音语调。但是，直播电商有主播人设，人们因喜欢而追随，因信任而下单。故而主播更照顾目标受众的感受，即常称的“宠粉”。因为主播们都知道，直播电商绝不是一锤子买卖。受众的复购、转介绍将决定主播能够在直播这条路上走多远。

相较之前的营销方式，直播电商既不同于电视购物一对多的单向传播销售方式，也不同于面对面、一对一的柜台推介销售方式。如果要在传统的销售方式中，选择一种相似度高的对标电商直播，我个人觉得，更像“会议营销”方式（简称“会销”）。制造现场氛围、场上场下互动、刺激销售冲动、现场达成关单，几乎把“会销”模式原封不动地“在线化”了。这种“在线化会销”，越是人山人海，全场气氛越热烈，就越容易带来销售节节攀高，产生连续爆单的效果。

经过多年的建设，直播技术已经成为移动互联网时代的基础设施。在各家互联网企业的推动下，特别是由于阿里淘宝直播的示范效应，再加上疫情隔离，加速催化了消费者认知。

直播电商，正成为新零售场景变革下的一个新物种。

大明星就能做好直播吗？

流量和销量，未必和明星效应呈正比。2020 年 7 月 10 日，公众号吴晓波频道发布了一篇文章《十五罐》。文章的开头写道：“很多年后，回想起无比尴尬和羞愧的今天，我会对自己说‘我可是那个开过直播、翻过车的吴晓波’。”吴老师是众多参与直播的名人中，最值得钦佩的。在一次直播翻车后，能够用这样一篇文章来自省与总结，较之许多明星的默不作声，要好了许多。给直播热火，上了一剂清凉汤。

在这场直播开始前，很少有人能想到由吴老师主持的“新国货首发”直播会翻车。作为知名财经作家，粉丝无数，这次直播的选品，吴老师几乎全程参与。从上百个报名的品牌里，团队选择了 26 个产品上播，它们全是细分行业的前三名，吴老师去过其中一半的公司实地调研。开播前，十多家企业特地派高管到杭州专门介绍产品。

为了首发取得一定效果，890 公司特地投入上百万元专门搭建了一个场景化的直播空间，还投放了上海、杭州等七个城市的机场、高铁站、写字楼广告。在流量资源上，淘宝直播给予了最大支持。新浪微博作为联合出品方，给予了千万级的曝光。团队还联系了林依轮、烈儿宝贝等 4 位头部网红，同期推荐“首发”商品，把准备工作做得足足的。

针对带货直播技巧，吴老师铆足了劲做功课。在一个多月的筹备期里，深入研究薇娅、李佳琦、罗永浩、汪涵 4 位直播网红的视频，还请专家定格解说。并且，他本人还专程去雪梨的公司现场观摩。作为一个有多年演讲和授课经验的讲师，这样的准备不可谓不用功。

然而，这一场理论上绝不会翻车的首播，结结实实地翻了车。其中沦为笑柄的是一款国产品牌奶粉，竟然只卖了 15 罐，成了打脸神器。文章的标题《十五罐》就源于此。吴老师说，自己打脸三百下。

做了这么充分的准备，最后居然还翻车了。明星带货这么火，却为何翻车频频呢？

7 月 9 日，叶一茜在其微博上发声："我很幸运，从一开始接触直播到现在，合作了很多优秀品牌，也有不少销售过万的单品、销售额达几十万的情况，每次收到合作伙伴的反馈信息，都是我继续努力的动力。但是我也有遗憾，尽心为某茶具品牌推广销售，出现争议后积极沟通协商，并且直播公司退还了全额合作费用，对方还是不满意……"

这是叶一茜非常有担当的澄清，带货不力，退还费用。评论区许多粉丝留言，有人鼓励"茜姐直播非常不容易，对待产品认真负责……""希望这件事不会影响茜茜为粉丝谋福利的初心啊"，也有人分析"还是要选适合你直播间的产品，喜欢买茶具的客户可能不会在你直播间购物"。

事件的起因是，有人爆料某茶具品牌请叶一茜带货，当天直播间有 90 万人观看，客单 200 多元的茶具产品，叶一茜的总销售金额不到 2 000 元。显然，在这个单品上，叶一茜翻车了。

被质疑的还有东北某知名笑星，在一场直播中卖一款白酒，当晚只有 20 多单成交，第二天还退货了 16 单。还有坐拥 3 000 万抖音粉丝的明星关某某，2020 年 6 月 19 日首秀直播销售额不足 350 万元。再有，同年 5 月，艺人叶某宣布退出直播，她坦言收入不易："两个月直播赚了点儿小钱，还不如站两次台的钱。"

如此种种，让人质疑起明星带货的能力。

当然，也有风生水起的明星。比如刘涛加入阿里聚划算，花名"刘一刀"的她，2020 年 5 月首次直播，观看人数就超过 2 000 万，交易额高达 1.48 亿元。还有香港演员曾志伟，直播首秀与酒仙网拉飞哥联手，卖酒单场成交额达到 1 292.46 万元。

几家欢乐几家愁，几番景象几轮回。明星自带光环，自带流量，为什么也带不动货？

与明星代言不同，带货更讲求品效合一。受疫情影响，品牌方更期望快速出货，而不仅仅是名人为品牌站台。而这就非常考验明星人设与带货品牌之间是否有关联，更重要的是明星的粉丝们是否是带货品牌的目标受众。

我们看看吴晓波老师为何卖奶粉会翻车。并不是吴老师没有影响力，也不是吴老师的粉丝没有消费能力，而是吴老师的大多数粉丝根本不是“奶粉”这个类目的目标消费群体。吴老师是知名财经作家，其粉丝不乏企业家、创业者以及企业中的管理层。而他们的年龄大多在 35~50 岁，男性粉丝居多。这个年龄层级的人群，对于婴幼儿奶粉没有实际的需求！

再看叶一茜，她的粉丝大多是陪她从超女时代一起成长起来的女性。这个年龄层级的女性，大多是宝妈。让她们对一款茶具感兴趣？这也是无法契合需求！

来看曾志伟，首秀直播选择酒类垂直，就非常好地契合了自己的人设。作为香港影视业的大哥级人物，在他以往的剧中，不乏表演过各种喝酒的豪情之举，他的粉丝也以男性观众为主。更为明智的是，曾志伟选择了酒仙网拉飞哥这个在抖音平台有 300 多万粉丝的高级品酒师。他对酒类产品熟稔于心，讲解时如数家珍，很好地补足了曾大哥对于酒类单品知识的短板。二人在直播间一唱一和，珠联璧合。一个立人设、引话题，一个讲产品、说卖点。在关键处，又联手逼单促销。一场直播，成果斐然。

再看刘涛，之所以能够接连带货成绩出众，也是得益于她“国民好媳妇”的人设。几年前，刘涛参加《花儿与少年》真人秀节目，她利落地忙里忙外，像大姐姐一样照顾身边的人，被人冠上了“旅行居家必备”的名号。正是这种家庭好主妇的形象，让粉丝们相信她的选择，她自然也就能得心应手地带动粉丝们不断地买买买。

明星能够带货，但是请记得，无论你是怎样的流量担当，人设与选品必须契合，明星靠刷脸和疯狂打折就能卖货的时代已经过去了。一场直播是否成功，七分看选品，三分靠技巧。人设要契合，受众要精准。

小人物也能做好直播吗？

说到直播带货，我们常会想起的是薇娅、李佳琦、罗永浩这样的头部主播。但是未来，一定是千千万万的中小企业带货主播成为市场的主体。

淘宝内容电商事业部总经理玄德曾表示：淘宝直播的爆发是新消费时代的标志性事件，未来店铺和直播间会合二为一。从这个表态，我们可以看到阿里对于直播电商的认知与态度，店铺要从静态展示向动态互动转变。

2020 年的“6・18”，是疫情之后的第一个大型购物消费节点。各个企业都需要一个关键节点成功回血，重拾信心。天猫官方公布的“618活动”从5月25日持续到6月20日，长达27天。淘宝直播在其中扮演着举足轻重的角色，再次领跑全民直播、万物可播的风潮。格力董明珠、娃哈哈宗庆后、网易严选梁均等企业总裁，华晨宇、刘涛、毛不易、欧阳娜娜、赵丽颖、鹿晗等艺人纷纷实力带货。数据显示，300多位艺人、600多位总裁、四大卫视、40档综艺、50大商圈……进入淘宝直播。6月1日首战，淘宝直播成交金额突破51亿元。整个大促期间，天猫累计下单金额达到6 982亿元，创了新纪录。

一边是头部主播业绩飘红，另一边是各类企业跑步进场。直播看起来是火了。但是，千千万万的中小企业怎么解决头部阴影下的流量瓶颈之困呢？

其实，天猫也为难。流量稀缺，谁能更好地提高转化率，平台流量就倾斜给谁，这样才能提高平台的效率和盈利能力，符合平台的利益。但往往这样，流量就都去了头部主播那里。而广大中小主播因为认知度、美誉度、转化率远不及头部主播，就难以获得流量。越是得不到流量，就越缺乏练习；越缺乏提高转化率的锻炼机会，就越得不到流量。如此，陷入死循环。当然，平台也在通过打榜、排位赛等活动，提高中小主播的浮现权。但在过了流量红利期之后，对于后进入者而言，这的确是一条铺满荆棘的坎坷路。

抖音直播也是这样。虽然抖音突破了6亿日活用户，但是，刷短视频的用户大都是抱着参与娱乐的心态而来的。就像你明明进的是游乐园，却一直在小摊周围兜兜绕绕。一群群营业员在那里卖力张罗，这个卖土特产，那个卖纪念品，纷纷让你从兜里掏钱，用户的体验不好掌握。所以，抖音官方也得平衡其中的度。拿捏得好，才能保持平台的生态。

流量都是有成本的。普通的中小主播要做好直播带货，首先得有流量，其次是转化率。明星都有自己的人设，所以用户到直播间会做相应的停留，看看这个明星在干什么。如果直播的货品恰好是人之所需，就有可能会买。而中小主播则要先经历从认知到信任的过程，然后再达到偏爱，最后才会有交易。同样是新手主播，明星的转化率就要高许多。

图 1–2　达成交易率要跨越的四道坎

跨越认知、信任、偏爱、交易这四道坎，草根主播比起自带流量的明星更为困难。因为，明星已经跨越了认知、信任、偏爱这三道门坎，只要选品准确、人设契合、卖货技巧过关，达成交易就基本能水到渠成，而草根主播就需要从零开始。

作为观众，假设进了一个陌生主播的直播间，她正在推销一款护肤品。你会怎么做？

佳姐（化名）原是一家护肤品公司的市场主管。2019 年末离职创业，但突如其来的疫情打乱了她的所有计划。2020 年 3 月，她毅然带着团队开启了抖音直播之旅。直播基地没得选，就在自家公司的仓库里。没有主播，就自己干。一来节省成本，二来实战出真知。更为挑战的是，此时的她怀孕了。一直想要第二个孩子的她，不得不拖着怀孕的身子应对忙碌的工作。

卖什么呢？

佳姐在化妆品护肤行业多年，有不错的人脉资源。但是，她只选了一个品牌——某某夫的洗发水和沐浴露。这个品牌是近些年国内化妆品洗护品类销量位居前列的品牌。

她每天直播8小时，雷打不动。自己播不动了，就让老公顶替一会儿。公司的其他小伙伴则帮忙做运营、拍视频、盯仓配物流等。视频也拍得简单，大多是公司工作的场景，配上相应的文案，讲述一下创业的故事、产品的来历，仓库打包、发货的场面。忙碌、简单、真实的画面，引来了不少流量。

短短4个月，佳姐就累积了21万粉丝，销售业绩逐步稳定上扬。到2020年7月，她的销售额一度登上抖音好物节潜力榜前三，总榜的第33名。最好的一天，销售额突破20万，成绩斐然。

当别人问及："为什么你能成功？"她说："你想想，一个在仓库里卖洗发水的孕妇，能不能引发别人关注？身怀六甲，勤奋努力，她的产品又货真价实、价格公道，还有赠品福利一堆。这样的表现，能带不动货？天道酬勤！"

在抖音、快手、淘宝直播平台，有千千万万像佳姐一样的中小主播，他们兢兢业业，努力奋斗。没有明星的光环，但是也拥有自己的忠实粉丝。佳姐，就是他们众多人中的一个。他们每天都在奋斗，就因为四个字：天道酬勤。

谁最终会受益于直播红利?

都在说明星带货翻车，好像明星数据不好看是直播电商中的大多数。然而，明星只是因其影响力大，翻车细节被放大了而已。真正观播数据和带货数据不太好看的，大都还是草根主播。

有人拿罗永浩的前十几场直播做了一个纵向对比。首场直播成交额 1.68 亿元，累计观播人数 4 800 万，到 2020 年 7 月的某场直播成交额只有 500 万元，观播人数仅 176 万。下滑 97%！有人揶揄：老罗这是要干垮直播行业?

创造单场 500 万元销售额，对于数以万计的直播带货从业者而言，是一个多么令人梦寐以求的数字啊！但对老罗而言，这一路下滑的数据就有点儿难堪。2020 年 4 月到 7 月，这 100 多天的直播，罗永浩团队不论从选品到话术打磨、直播配合，比开始时一定更专业、更熟练。但为什么数据还一路向下 ?

我认为，其实罗永浩团队在补走头部主播必走的路。开场高光，完成 1.68 亿元销售额，这是由于抖音平台流量加持、罗永浩自身转型事件营销等流量因素叠加而成的效果。曾经的粉丝过来捧场，路过的小伙伴随手下单，都让直播首秀的业绩亮丽高光。

然而，平常的直播就得靠一场场的“直播人设”与“直播技巧”积累了。所谓“直播人设”，也就是目标受众对于主播的直播带货形象的认知与认可。这是每一个直播电商主播的必修课。薇娅、李佳琦就是通过多年的默默无闻、奋力打拼，让很多人认知、信任、喜爱他们的主播形象，最终出圈成为明星。

咱们现在再看看老罗的数据，已经是非常高光，数据再次走高。而且他的“真还传”（真实还钱纪录片）也快实现了，曾经背负的债务也快还完了。

美国著名畅销书作者格拉德威尔写过一篇文章。文章里采访了一个美国推销员世家——罗恩·波佩尔家族。接受采访的一位家族成员说过这样一段话：“一个推销员可以成为很棒的演员，可是演员不一定能成为很棒的推销员。因为推销员要同时做到让人鼓掌叫好，又让人愿意掏钱买单，而演员不擅长做到后一点，这是隔行如隔山的事情。”

显然，这就解释了明星与直播电商主播之间的区别，也让我们明白了众多明星带货翻车的原因。“演”得让人鼓掌叫好，与“带货”让人掏钱买单，这是两码事。我们说，罗永浩老师曾经是做手机的创业者中脱口秀说得最好的。但今天做直播电商，仅仅会说脱口秀是远远不够的，还需要带货的技能，以及消费者对你这一人设的认知与认可。

格拉德威尔提炼了优秀推销员的三个重要心法：

- 推销员懂得把握从表演到让人掏钱买单的转折点；
- 要重复展示和说明产品，示范怎么用，为什么值得买。推销员要让产品成为明星、成为关注焦点，而不是卖东西的人本身成为明星和关注焦点；
- 产品要有卖相，本身就好卖的东西，才会好卖。

看完这三点，我们就能理解为什么明星直播卖货，卖不过网红主播了。明星自身吸引了观众的注意力，也就抢走了观众本该对产品的注意力。再加上选品技巧、展示技巧、成交逼单技巧的不熟练，明星带货不如专业顶级主播，也就理所当然了。

格拉德威尔举例：推销员罗恩能把常见的电转烤肉器演示出来，显得不平常。

首先罗恩很会表演，演示时他拿铁锤敲击烤肉器的门，以显示它的真材实料、坚固耐用。还会与传统烤肉灶台的脏乱差环境进行对比。这款烤肉器方便、整洁、容易打扫。

其次，表演之后，罗恩会巧妙引导客户过渡购买转折点。他会不厌其烦地展示烤肉器的使用技巧，让产品成为明星。

再次，他选择的产品有卖相。烤肉器的门是透明的玻璃，这样在烤肉的时候你就能看见里面的烤鸡、肋排是怎么转动、变熟、吱吱冒油的，让人看着食欲大增。他还会反复研究烤肉在烤肉器里面转动的速度，用这样的速度烤出来的烤鸡，外面一层呈现出金黄色，油滋滋的，色泽更加均匀好看诱人。

产品“卖相”出众，演示围绕产品，充分展示产品的优越性能，再跨越表演到下单的转折点，刺激消费者的购买欲望从而下单。格拉德威尔虽然说的是推销员的心法，但拿来对照我们的直播带货，你会发现与推销心法是相通的。

主播不仅要会演，还要让人掏钱买单。围绕产品，让产品成为明星，而不是让观众的注意力只关注主播本身。选品要有“卖相”，也就是产品有突出清晰的卖点，主播的展示呈现清晰到位。

以上这些，正是一个优秀带货主播团队从选品到播品所必须具备的能力。

那么，谁最终会受益于直播红利？我认为，直播将会是各个企业电商业务中的标配。只有那些真正掌握推销心法的主播，才能有机会脱颖而出，才能在直播中获得更多的收益。对于企业而言，不该只是请明星带货。那些耐得住寂寞，坚持自己培养、孵化带货主播的企业，才能最终真正受益于直播红利。就像推销员队伍一样，带货主播是拥有术业专攻技能的人员。拥有这样战斗力队伍的企业，将无往不利。

决胜直播间的四大关键步骤

要培养自己的主播团队，做好直播，要从四个环节入手。

第一，定位清晰且能够赢得消费者信任的人设，即定位人设。

赢得信任，才能达成交易。这里所说的信任，不只是对人的基本道德的信任，还有对主播专业能力的信任。比如，李佳琦带货 3C 数码电器产品，相较罗永浩，他的人设就比较难以在 3C 类目带货中出类拔萃。反之，如果让罗永浩带货美妆护肤产品，也是勉为其难。因为观众会想，你自己都不懂美妆，还来卖美妆产品？

人设的契合匹配在信任环节中占据重要的位置。有太多的明星主播在直播带货时翻车，不是知名度不足，也不是直播技巧不够，只是因为一点，观众对他的带货专业人设不认可。

第二，选品。基于目标客户，契合主播人设的选品是一场成功直播最关键的点。七分靠选品，三分靠技巧；选品选不准，白忙一场空。因为用户购买的就是产品本身。

选品，不仅牵涉人设的契合，还涉及主播粉丝的消费能力和当下的消费意愿。吴晓波老师做了几场直播，但是业绩平平，原因就是粉丝的消费意愿匹配度不高。在第二场“新国货首发”直播中，TATA 木门、奥普凉霸、零跑汽车、创维电视等产品纷纷登台。然而，我们不禁要问，有哪些是用户此刻的即时需求？直播，要做的是击中目标用户此刻的欲望，刺激冲动型消费，完成销售闭环。然而吴老师基于“万物皆可播”认知而做的直播，就会出现梦想与现实的差距，往往无法击中观众的当下需求，最后的销售业绩自然无法令人满意。

相较而言，罗永浩的直播间，带货的产品从自身人设的匹配度出发，常常以 3C 产品为主，而其粉丝大多是 80 后、90 后的男性青年，这样的直播带货，销售转化概率就会高出很多，翻车事故也就不易发生了。

第三，作品。短视频作品在实现消费者认知的过程中起到非常重要的作用。演员张庭 2020 年 6 月直播首秀，单场成交额 2.56 亿元，累计观播人数 1 923.9 万，完成订单量 115.98 万，峰值在线人数 49.8 万，付费人数 15.8 万，战绩骄人。

同年 6 月 7 日，张庭在抖音发短视频为自己的直播预热，点赞超 12 万，评论超 8 000 条。视频中她说：“我要让所有人吃得起、用得起全球最好的品牌……6 月 10 日晚上 8 点来我直播间。

用最低的价格，买最好的货。”视频最后呈现“全球好物，王者出击”。之后，她又连发多条视频预热。高品质、地摊价、超强福利成为关键词。她和闺密陶虹的“绝色双骄”魔性热舞视频，更是点赞量超过 380 万，评论超 25 万条。

短视频作品，在消费者对主播的角色认知中起了非常关键的作用。一个明星，为什么带货，要通过媒介告诉他的粉丝们，这样带货才不会显得突兀。当然，张庭直播能够大卖，还有一个原因是她本人早已创立 TST 微商品牌，直播只是把私域流量的粉丝再放大一回。

同样用短视频重构人设的，还有刘涛、曾志伟等明星。短视频的传播，让其直播带货不再违和。粉丝通过短视频作品，知道自己的偶像正在做直播带货，进直播间捧场也在情理之中。

对于普通的草根主播，短视频更是让消费者达成认知的关键环节。没有短视频的认知，人们进入你的直播间，也会对你一无所知。你是谁？在干什么？这些疑问都会产生。通过短视频的内容营销，主播可以建立起自己的人设，让目标受众产生认知、信任和偏爱，进而在直播间内实现销售的闭环。许多抖音大号就是这么做的，比如*@大狼狗郑建鹏&言真夫妇*、*@只穿高跟鞋的汪奶奶*……都是通过短视频让粉丝喜爱，然后进入直播间，最终达成交易的。

第四，播品，也就是直播时的技巧。这里除了主播的话术以外，还有直播间运营的思路与方法，从直播间的布置到产品的价格策略，包括产品介绍话术、主播的逼单技巧、如何在直播间里形成羊群效应、制造从众心理、控制直播节奏，既循序渐进，又高潮迭起，把一场带货直播变成一场“演出 + 交易”的盛宴。这就考验主播、运营、客服、供应链团队的整体协调能力了。

直播，不是一个人在战斗，而是一个团队在战斗。一场成功的直播从直播计划、选品策略，到主播话术、场景布置，再到运营场控，甚至主播提词器的设置、现场灯光的安排、直播氛围的营造、直播节奏的把控、直播网络条件，都需要提前做好计划和安排。

《孙子兵法》写道：庙算胜者得算多也。直播，打的就应该是团队之仗，是有准备之仗。

我把直播间的关键步骤总结为以下四点：

1. 定位人设；

2. 精准选品；

3. 疯传作品；

4. 爆单播品。

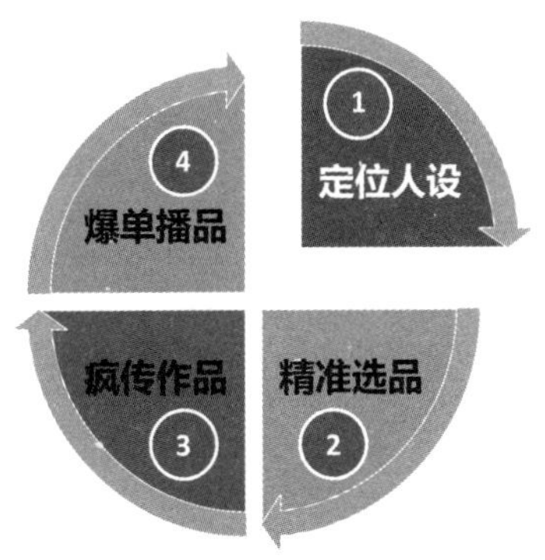

图 1–3　决胜直播电商的四大关键步骤

对于想做好直播的团队而言，“人设、选品、作品、播品”四大步骤，缺一不可。接下来，我会对这四个步骤一一拆解。我们一起来看看直播间里，有哪些技巧是必须要掌握的。

开始我们的学习之旅吧。

第二章

定位人设

成交是一切营销动作的终极目标。

“无信任，不成交。”

品牌、质量、功能、包装、价格、货期、广告、代言、粉丝……这些都会影响成交。但是在这些眼花缭乱的众多表象背后，影响成交的最关键理由只有一个——信任。

“我不信它价格如此划算”“我不信它能有这么好的功能”“我不信它还能给我带来便利”“我不信能有那么多人喜欢它”……一句“我不信”，就可以抹杀你所有的营销动作。所以，一切营销的起点，就是建立信任感。

先问你几个问题：为什么熟人之间更容易产生信任？为什么大品牌会让你觉得更值得信赖？为什么大多数人更相信权威专家？为什么有些陌生人，你很快就会对他产生信任感？而对有些人则不会？

信任，是人类区别于其他动物的特质之一。

在《我们的信任》一书中，作者布鲁斯·施奈尔指出，劳动分工是对信任的考验。如果我们做不到信任数以百万计的不知名、未谋面的陌生人，就无法从事专门工作。

人类这个物种如果无法互相信任，就会永远停留在石器时代。

人类社会的大规模协作和社会化分工，使信任得以产生。在两只成年公虎之间，不会产生信任。而在两个陌生成年男子之间，基于社会协作则会产生信任。

进化心理学者研究认为，距今600万年前，人类与黑猩猩的共同祖先开始产生共情能力；大概四五十万年前，人类开始依靠群体狩猎、采集等方式维持生活；大概1万年前，文明出现。协作，作为一项生存技能，改变我们的行为。作为独立的个体，人类很难在恶劣的自然环境中独自生存和延续。人们需要一起捕猎大型动物、抵御猛兽侵略、照顾伤病妇孺，人类活于社群。

欺诈对于个体而言，短期是有获益价值的。但是生活在社群中的个体，如果行骗，就会丧失未来与被骗对象的协作机会，危及自己在社群中的名声。当计算未来收益足够大于短期收益，人类非亲缘个体间产生协作与信任，是自然演化、适者生存的必然。当然，个体如果计算短期收益远远大于未来收益，铤而走险的行骗也自然会存在。

人类生存于一个不确定的世界，我们普遍希望有一个确定性的预期。信任源自人们的预期。这个预期，是对一致性行为的预判。不论基于品格还是能力，都是对其行为一致性可能的预期。

与人预约下午3点见面，你准时抵达，别人就会对你守时的品格产生信任。如果这次你爽约迟到，下次别人就会对你守时的品格抱有疑虑。你曾经胜任某项工作，公司也会信任你在新岗位的能力。如果你之前不能胜任某些工作，上司可能会在分派你新任务时对你的能力产生疑虑。

心理学分析认为，信任包含信任别人的品格（动机意图）和信任别人的能力（实际行动的才能）。信任的背面是怀疑。怀疑品德、怀疑动机、怀疑承诺、怀疑才干、怀疑经历。

家里新来了保姆，负责照顾新出生的宝宝，你绝不会在出门的时候把家门钥匙给她。因为你不知道她的人品怎样，你无法判断其之后的意图和行为。

而如果 19 岁的侄女在你家做客，你正好有事出门，让她看家。你会安心地出门，但你会担心她能否把你家的宝贝照顾好。因为，在照顾小孩这个能力项上，她不一定有能力把事情办好。

再譬如，我们都相信姚明、刘国梁非常爱国，也信任他们能够带领队伍打好篮球和乒乓球。我们信任其品格，也信任其能力。但是，我们很难相信姚明能够踢好足球或者刘国梁能够打好篮球。因为术业有专攻，被信任的品格不能代表他们在所有方面的专业能力。

因此，信任的定义是，基于人或组织的品格和能力，对其可能行为的肯定预期。

信任 =（品格 + 能力）× 肯定的预期

明确了信任的定义，我们再来看直播电商。很多直播间，观众都是一滑而过。凭借什么在短短的两三秒内留住人？留住人之后，如何激发他的购买欲望，最后能够达成交易？这对于每一个主播而言都是一次现场大考。

每一次直播销售，最终都是一场流量与转化率的数据考核。

没有转化率的直播，就是一次失败翻车。转化率，这对于知名与不知名的主播，都是真金白银的挑战。要提高转化率，就要建立直播的“可信人设”，这成为决胜直播间的第一个关键步骤。其核心就是，建立起受众肯定的预期。

接下来，我们就要来探讨这个问题。以定位人设品牌为基础，让你的观众建立肯定的预期！这里包括怎样的方式才能吸引人，怎样的行动可以留住人，怎样的方式才能让人印象深刻，怎样实现直播间的热卖，以及怎样吸引人们下次再来。

建立你的信任通行证

送给大家一个赢得信任的公式：SAFE 通行证。掌握这组通行证，你就能够快速赢得别人的信任。这是四组英语单词的首字母，“SAFE”译成汉语即为安全。这组词，揭示了迅速赢得信任的密码。

S：Seeing is believing，眼见为实；

A：Authoritative endorsement，权威背书；

F：Favorite，偏爱关联；

E：Effects of crowd，从众效应。

我们通过社会心理学来看看 SAFE 通行证是如何发挥作用的。

人们相信眼见为实，因为人类是通过观察来认知这个世界，并根据事实来调整动作的。不仅人类是这样，几乎所有动物都这样。猫抓老鼠，老鼠往左跑，猫就会往左扑，老鼠往右跑，猫也会往右拐。猫如果不根据事实来调整动作，猫就会饿死。人类在漫长的进化过程中，养成了迅速做出反应的行为惯性。面对老虎，就得快逃；面对毒蛇，就得躲避；肚子饿了，就得找食物。

在大自然的环境中，人类需要快速做出决策，否则就无法生存下来。但是在数百万年进化后的今天，工业化、信息化快速改变了现代人的生活。与采摘狩猎、刀耕火种时代相比，“复杂”更多地出现在人类社会中，线性思维往往需要转变成系统思维。然而，人类大脑常常还是习惯于按下“眼见为实”的快捷键。

因为看见，才会信任。我们小时候，街头有卖艺的、摆摊的，我印象最深刻的是哑巴卖刀。他也不会说话，坐在街边拿一把菜刀，在那儿剁木头、剁骨头、剁铁丝。铛铛铛，三下五除二就把那些东西剁碎了。“啊啊啊”地嘟囔，有人见菜刀不错，就买了。不用说辞，这就是眼见为实的力量。那么，今天你怎么把这个方法应用到直播间呢？

接下来看权威背书。市场人员总是将“权威”视作营销法宝。大家还记得吗，20 世纪 90 年代，宝洁刚刚进入中国市场销售佳洁士牙膏时，是拿什么来权威背书的？全国牙防组。当年电视里，大家经常看见穿着白大褂的牙医告诉我们，这个牙膏经过全国牙防组认证。在每一个电视广告结尾，佳洁士总不忘记盖一个“全国牙防组权威认证”的章。这也一次次让“全国牙防组”这个组织名称深深烙印在消费者的脑海中。大打“认证牌”的佳洁士销量猛增。

大多数人在权威面前，经常容易失去抗拒能力。尤其对于在集体主义教育环境下长大的人而言，权威更不易受到挑战。在现实生活中，在草根和权威之间，人们总是更倾向于相信权威。这也是明星更容易引流的原因。

再来看看偏爱关联。人们总是热衷于自己熟悉与喜欢的人和事。

当年姚明在NBA赛场打球的时候，你最支持的NBA球队是哪一支？相信很多人都像我一样，关注休斯敦火箭队。虽然我们许多人都不知道休斯敦在美国的哪里，但是我们还是爱屋及乌地把火箭队当作自己家乡的球队般支持。

原因是什么？因为姚明。这就是偏爱关联原理。

湖南人常常会说，我们是毛主席的家乡人；四川人常常缅怀，小平同志是我们四川广元的；潮汕人经常提及，李嘉诚先生是我们潮汕人的骄傲；在内蒙古也经常有人会说，我们是成吉思汗的后代……其实，潮汕可能也没有太多人当面见过李嘉诚，与您聊天的内蒙古人可能与成吉思汗八竿子打不着。

偏爱关联，同样是营销中赢得信任的重要法宝。在汽车展上，展商总会安排性感的女模特走秀。男性看见这样的广告，往往会感觉这样的车速度更快、更讨人喜欢、显得更名贵、设计更精致。当“神舟五号”承载着无数中国人的飞天梦想，成功实现载人航天，之后蒙牛启动了“中国航天员专用牛奶”的营销宣传，“强壮中国人”的广告响彻神州。

人们总会努力让自己跟积极的事情联系起来，与消极的事情保持距离。关联美好，这是人类天性。

从众效应，也是人类演化中留在我们身体里的心理基因密码。当人类还是古猿的时候，我们来到一条溪水边，看见有几个胆大的同伴开始喝水。喝完水之后，就到一旁嬉笑打闹去了。这就说明，这条溪水安全可以饮用，而且附近应该也没有什么鳄鱼之类的猛兽，所以我们也会去那里喝水嬉戏。从众是安全与否的航标灯。大家没事，我也没事。这也是适者生存的快捷键，可以帮助人类免于探索的风险，节省探索的时间。

假设，我们来到一座陌生的城市，在一条陌生的街道上想找一家小饭店解决一下饿肚子的问题。其中一家小饭馆里人头攒动、顾客盈门，另外一家则是门可罗雀、人丁稀少。你会到哪一家店里呢？我想，大多数人会选择去人多的那家看看。

从众，也是留驻在我们基因里生存安全的快捷键。

解释完 SAFE 通行证的心理学依据，我们来看看在直播间里是如何应用 SAFE 原则的。这是一场直播中的案例，抖音百万大号“大分子实验室”正在介绍一款面霜。我们来看看，主播顾博士的话术是如何印证 SAFE 原则的。

【案例】

顾博士：大家看到这里有一本书《完美皮肤指南》，作者叫莱斯利·褒曼，他是美国一个皮肤科大夫，这本书的中文版是中国协和医院皮肤科的孙医生翻译的。这本书 400 多页，大家可以去看看。这是《纽约时报》刊登过的一本畅销书，你也可以去搜一下。（主播手里此时举起一本书。）

给大家推荐的这个褒曼霜，就是褒曼博士参与开发的。它的名字叫 MEDATURE，MED 就是 medicine（药品），ATURE 就是 nature（自然），知道这两个英文单词，就知道产品是代表什么意思了。

这款产品的品牌口号是 Less is More（少即多）。知道意思的小伙伴，你可以把翻译文字打在公屏上。

这个品牌，至今只出了四款产品。一款洁面乳、一款水、一款精华、一款面霜。这个霜在秋冬季节使用，非常适合。

为什么这款霜好？我跟大家讲讲。什么是好的护肤品？最好的护肤品，是你人体自己分泌出来的皮脂。人为什么会分泌皮脂，这就是护肤品啊！当然，油皮是什么情况呢？就是分泌过多了。干皮是什么情况呢？就是分泌太少了。

MEDATURE 用到的技术，说难也不难，它用到了类皮脂的交融技术。它就是把类似皮脂的化学成分进行融合，比如脂质、神经酰胺，这些物质和我们皮肤自然分泌出来的非常类似。它抹在脸上的感觉，不油也不干。如果你是油皮就少抹一点，如果是干皮就多抹一些。像我本人就是大干皮，所以我就多抹一些这个东西。

敏感肌可以用，孕妇也可以用。为什么都可以用？因为它无酒精、无香精、无防腐剂。

大家看一下，它这个瓶盖是按压式的。你看，这么一按有什么好处？我来告诉你。它这个包装只出不进，这手就不会污染到里面的面霜。这样，面霜里就不容易滋生细菌。这样的包装可以做到无防腐剂。别的产品开盖，你抠啊、挖啊，能做到无防腐剂吗？都是细菌啊！但这个产品，它就可以做到无防腐剂。

这里强烈给大家推荐这款产品，冬季补水保湿抗痘都可以用它。

这款产品是进口产品。今天在我直播间，买一瓶，再送一支15毫升，再送一支15毫升，一共送两支。买30毫升，送30毫升。另外再送一支15毫升的洁面乳小样，再送一个洗脸扑。

拍一发五。买一瓶30毫升的面霜，送两支15毫升小样，等于买一送一，还送一支15毫升洁面乳小样，再加送一个洗脸扑。这个太划算了。

在我直播间今天有1 000多人，我们这个活动拍一发五，一共500份。

大家拼手速哈！

你看顾博士在这段直播销售推荐中，怎样用到了SAFE原则？

在介绍产品的时候，他拿出产品开发者莱斯利·褒曼博士的著作《完美皮肤指南》，一本关于皮肤的专著。在这里，他用到了“权威背书”。接着他再问道：什么是好的护肤品？最好的护肤品，是你人体自己分泌出来的皮脂。这里用到了“偏好关联”，类似人类自己皮脂的护肤品，是好护肤品。接下来，在讲到瓶子使用的时候，他又用到了“眼见为实”。为什么这款化妆品没有防腐剂？因为按压式的瓶子，包装的目的就是为了防菌防污染。再接着，他又讲到了产品买什么、送什么，“拍一发五”，拼手速。这里，制造稀缺的同时，也在制造“从众效应”。人头攒动地疯抢，自然让人争先恐后。

优秀的主播，往往在不经意间把SAFE原则应用到极致，让人快速产生信任，树立起自己可信、可靠的人设形象。

没有精准的客户定位必定翻车

我们来说说明星的直播翻车，原因是什么？

在人们的印象中，明星引人注目，粉丝众多，平时出场就会引来前呼后拥，欢呼阵阵。他们这些有影响力的人物，给品牌做一次代言就价格不菲，为什么有些人进了直播间，却带不动货呢？是直播话术不行吗？是不会表演吗？是不用心吗？背台词、做表演，不是很多艺人的基本功吗？

显然，问题不是出在表演上，而是出在卖货上！

在前面我们讲过，要让产品成为明星，而不是主播自己当明星，不能让观众的注意力只集中在主播自身上。推销员应该懂得如何从表演到让人掏钱的方法。这里，用户掏钱是最终的交易结果。但之前还有重要的三步：

1. 卖什么？
2. 谁来买？
3. 怎么卖？

也就是我们要讲到的：产品定位、市场定位、传播定位。就像结婚，先有一见钟情、谈情说爱，才会有之后的海誓山盟、谈婚论嫁。谈恋爱首先要有心仪的对象，还要有与对方相匹配的自身条件，再经历花前月下的过程。经历这些之后，才有可能进入婚嫁的环节。

交易是同样的道理和过程。

中国台湾奥美公司副董事长、著名广告人叶明桂在其著作《如何把产品打造成有生命的品牌》中有一篇文章《你真的懂定位吗？》，把定位分为三个层次——产品定位、市场定位、传播定位。他将定位从物理属性到心理意义，从具体到抽象，从生理行为到心灵感受，在交易前进行了非常透彻的剖析。

我觉得他的这三个层次的定位方法，用来分析明星带货能否成功再妥帖不过。

首先是产品定位——卖什么？

卖什么样的产品？它是为哪类人设计的？年轻的女性？中年的男性？还是刚入职的蓝领打工仔？这个产品的目标消费者，与我直播间的客户画像匹配吗？这个产品有哪些特点？差异化的卖点在哪里？

其次是客户定位——谁来买？

我这个要推荐的产品，自己的粉丝群体中的大多数人想要的产品用途是什么？他们愿意掏钱的理由是什么？这个产品的“利益点”与“用途”如何匹配？

最后是传播定位——怎么卖？

这里要考虑清楚，我对谁说？我是谁？能给你什么？要记得，我们喝可口可乐，喝的不是糖水，而是要喝出积极向上正能量的快乐感受。

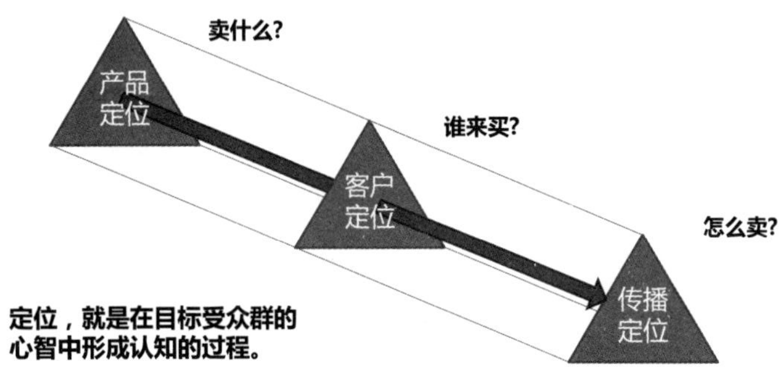

图 2-1　定位的三个层次

再回过来提一次吴晓波老师卖 15 罐奶粉的翻车案例。问题就出在了卖什么和谁来买，定位上的不匹配，结果造成了极差的销量。卖的是婴幼儿奶粉，但是吴老师的粉丝群体中以中年男性创业者、管理者居多。“卖什么”和“谁来买”不契合，翻车也就不足为奇。

定位契合，是直播带货中的重要技巧。能把自己定位做对的主播，大概率是带货风生水起。而定位不匹配或者定位模糊的主播，一定是销量惨淡。客户定位不契合，就会造成与观众的预期不契合，信任度自然无法产生。

【案例】

宋晓峰，是我非常喜欢的喜剧明星。作为赵本山的弟子，他在舞台上常有出色表现，也主演过《乡村爱情》系列轻喜剧。近年来，他作为辽宁民间艺术团的一员，参演东方卫视的喜剧真人秀节目《欢乐喜剧人》，扮憨搞怪、七步成诗的表演常常引人捧腹。2017 年他助演获得《欢乐喜剧人》第三季总冠军，2018 年主演获得《欢乐喜剧人》第四季亚军，给我们带来无尽的欢乐。

那么，假设他来带货，能赢过普通网红吗？

我们找来抖音网红号 *@韩饭饭*做一个对比吧。

“韩饭饭”是一个千万级的网红大号。短视频播出的是一家四口的生活琐事，主角是韩饭饭和她的老公，还有婆婆和公公。故事大都是在吵吵闹闹中上演婆媳和谐、夫妻恩爱的情景短剧。在短视频剧里，老公常被塑造为受气包的形象，而婆婆和媳妇总是联起手来调教他。视频最后必是神反转，让人哈哈大笑。

看一则韩饭饭的短视频情景剧：

（老公刚刚进门，看见婆婆和公公站在客厅，指责一旁委屈的媳妇。）

婆婆：你怎么只知道买新衣服，我儿子的钱不是钱啊？这么浪费？

老公：妈，你怎么可以这么说你儿媳妇？她可是我亲老婆。

（老公见状，马上维护老婆。）

公公：那也不可以乱花钱。

老公：好，不就一件衣服吗？我买！拿去！

（老公从自己公文包的夹层里，掏出了藏在里面的一沓私房钱，交给妈妈。婆婆和公公拿过钱，马上喜笑颜开，旁边的媳妇也一起开心大笑。）

公公：我说这小子有私房钱吧？

（客厅里顿时爆笑起来，婆婆、公公还有刚才站在旁边一脸委屈的媳妇，从原来的一脸气愤都变成了开怀大笑。原来，这是他们联手策划的一场戏而已，就是为了让老公能够掏出自己的私房钱。）

在韩饭饭的抖音号以及她老公的抖音号 *@王小弦*里，有许多这样的剧情段子，让人开心一笑。两个号加起来已经有近 3 000 万粉丝了。当然，相较成名已久的宋晓峰，他俩的知名度总体来说还是弱的。那么，问题来了。如果比拼带货能力，两组人马，谁更能带货呢？

答案是网红 *@韩饭饭*和 *@王小弦*。

为什么呢？

大众明星 PK 小众网红，论知名度，明星常常可以秒杀网红。但是论及带货能力，网红就是赢在“小众”。因为，你之所以能成为网红，是因为你的故事打动了我，你的生活方式打动了我，你的喜怒哀乐打动了我。正因为我喜欢这样的你，所以才会信赖你推荐的产品。粉丝固然小众，但忠诚度往往更高。

我们来查看一下飞瓜数据，韩饭饭的女性粉丝占比 76.48%，男性粉丝占比 23.53%；年龄 18~24 岁占比 16%，25~30 岁占比

30%，31~35 岁占比 20%，35~40 岁占比 11%。@王小弦的号，女性粉丝占比 74.98%，年龄分布类似。

再看宋晓峰，粉丝中的男性占比 64.97%，女性占比 35.03%；年龄 1~24 岁占比 12%，25~30 岁占比 26%，31~35 岁占比 26%，35~40 岁占比 16%，41 岁以上占比 14%。

对比粉丝数据，我们看到，韩饭饭和王小弦的号，更多是以中青年女性粉丝为主；而宋晓峰的号，以男性为主，年龄分布也较为平均。只要提一个问题，你就明白了，“双十一”买买买的剁手党人群是哪些？正是韩饭饭的粉丝人群！在韩饭饭演出的短视频中，婆婆像宠女儿一样宠她。俩人常常出人意料地联手欺负她老公，而老公也心甘情愿地被欺负。夫妻恩爱、婆媳和谐。那些心向往之的小媳妇们，自然而然地点赞、关注，进而慢慢地喜欢上了他们一家子。

再来看，他们夫妇在直播间带货的产品，大多是家居用品、美妆洗护、休闲零食。

卖什么？谁来买？怎么卖？必须传播定位、客户定位、产品定位匹配，三点一线，垂直契合。你的产品是围绕客户的，你的传播也是围绕客户的。产品定位、传播定位，都要垂直于客户定位。看看韩饭饭的粉丝——家庭里的媳妇们，她们是市场消费的主力，当传播、产品都围绕客户时，她们更熟悉你，也更容易钟情于你推荐的产品。在韩饭饭的直播间里下单，是粉丝的自然而为。而宋晓峰的粉丝人群，男女老少都为不精准的“泛粉”，要做带货的难度就大了许多。

仅有娱乐精神是不够的

你卖不出货的原因会是什么?

有一天，我在抖音上刷到一个有趣的胖子——在远方的阿呆，看完短视频，我笑喷了。

大家也一起来看看。

【案例】

胖胖的阿呆，跑得上气不接下气。镜头里，他的一张大脸正做痛苦状。

阿呆：我跟你们讲啊！晚上千万不要出来跑步。真的（喘气……）路边全是烧烤摊啊！（此时，他突然举起手，十多串羊肉串进入镜头，那么多的羊肉串挡住了他半张脸。他开始大吃起来，一边吃还一边吧唧嘴。）

他继续感叹道：这也太香了，根本减不了肥啊！（哈哈哈……爆笑声阵阵。）

看完这个视频，我忍俊不禁。又看了好几个他的视频，大都是一个胖子与美食斗争的故事，每一次的结果都是这个吃货胖子无法抵御美食的诱惑，以失败告终，让人哈哈大笑。我就在想，这是一个吃货人设！如果可以的话，应该请他给休闲零食带货。这可是有 60 多万粉丝的号。

晚上，我进了他的直播间，阿呆正在和其他主播连线玩 PK 打赏呢！此时，正在双方胶着的关头，他如果输了，就要接受对方主播提出的惩罚要求。而此刻，他收获的声浪并不高。最后十几秒，我忙刷了两个热气球。阿呆的分值噌一下子上去了，偷塔成功。因为我的出现，阿呆翻盘赢了。

阿呆在直播间里感谢我。而后，他关注了我。

后来我就问他，为什么在直播间只做娱乐主播，而不是带货主播呢？他的回答是：我的粉丝，85% 是男性，而且其中近 60% 的粉丝年龄 25~35 岁，还有 20% 是 18~24 岁。这个年龄层级的男生在网上打游戏、看小说多，不怎么买东西啊。

是这样子啊！我明白了。

之前我的流量思维错了，应该是变现思维。

很多人做客户引流，总想着粉丝越多越好，但其实粉丝更精准、流量更精准才是真正的流量“王道”。阿呆的短视频很有趣，人设也很清晰，但就是做不了直播带货，原因就在于粉丝偏差。直播电商的主播，应该要在引流之初就想好怎么变现，要有“变现思维”。

结合之前讲的“产品定位、市场定位、传播定位”，变现思维的路径是自己想卖什么，去找谁来买，怎么卖和怎么推广。

图 2-2　变现思维下的定位路径

而不能是反着来的流量思维路径，等推广都做完了，引流粉丝都来了，最后才去找客户卖货。与娱乐主播不同，直播电商主播必须要先想好“如何变现”，再去思考和执行“引流”。

先想变现，再想流量。直播电商要建立变现思维，而不是引流思维。

你有没有看过 @*只穿高跟鞋的汪奶奶*的视频？汪奶奶已经将近 80 岁了，但这不妨碍她在抖音上拥有 1 600 多万粉丝，妥妥地成为头部网红账号。这些粉丝 75% 为女性，年龄 17~30 岁的占了 82%。奶奶亲昵地把她们称为“小闺密”。

汪奶奶本名汪碧云，身材娇小，巴掌脸。曾经是舞蹈团团长的她，常年坚持舞蹈训练，体重控制在 88 斤。你见她，就会被她的精致所折服。蕾丝裙、口红、礼服、旗袍，搭配 10 厘米以上的高跟鞋 。这些几乎是绝大部分老年人不敢轻易尝试的装扮。

在抖音号里，不论什么时候，哪怕是出门倒垃圾、去菜场买菜，她都打扮得极其讲究，像一场时装秀。她的角色，时而是给孙女相亲的古怪精灵的奶奶，时而又是启发小闺密成长的人生导师。

在汪奶奶的视频中，你可以看见年近耄耋的她每天还在锻炼身体、保持身材。随随便便就能来个一字马。她还穿着时尚，像年轻人一样和“小闺密”们说悄悄话，同时，还会用自己的人生阅历去帮助那些陷入情感困境的姑娘。

汪奶奶还参加过 2019 年的《中国达人秀》，在节目中她身穿拉丁舞服饰，矫健的舞步、高难度的动作，曾令评委杨幂、沈腾等人都叹为观止。沈腾在节目中高喊：“这不应该叫阿姨，应该叫姐姐。”

更加惊人的是汪奶奶的带货能力。一场直播观看人次超过 1 000 万，带货成交额超过 475 万元。其中一款面膜订单破万，销售额超过 80 万元。这种交易额，在普通主播眼里都是无法企及的高度。

奶奶的带货能力强，是因为她的粉丝群体与带货人设的配称。从产品出发，思考目标客户是谁，应该对他们讲什么样的话。汪奶奶是从一开始就设计好的，要引流“小闺密”这类客群。这样，以人生导师、知心奶奶的形象，在直播间里给小闺密们推荐一些自己心仪的产品，当然没有违和感。销量节节攀升，变现能力高，就是自然而然的事情了。

我们来看看汪奶奶带货前的一段预告视频。

【案例】

奶奶：欢迎你们来到我的直播间哦！

旁边：奶奶，奶奶，你在干什么？

奶奶：我在直播啊！

旁白：你的小粉丝们让你拍一个变装视频。

奶奶：哦，小闺密们，等我哦！我去拍一个视频就来……

（镜头一转。音乐声起，奶奶在镜头前翩翩起舞，为大家带来一场变装秀。曼妙身姿、旗袍轻裹，哪有一点儿近八旬老人的感觉，舞蹈与音乐美妙地结合在一起。）

音乐：渡千年，箫声远。

意绵绵，眼泪滴成莲，

等你我相约挥情剑。

谁，能够破茧，

看穿恩怨。

仙，逍遥在人间，

愿化作云烟。

晓梦托蝴蝶，

烟火阑珊倚人间。

……

从卖什么产品出发，接下来定义相应客户群体，再做推广传播。这样，你的变现路径才能顺畅许多。而不要反过来，先找流量，只根据自己的意愿做视频，这样引流来的人群未必能够带货变现。做直播电商，仅有娱乐精神是不够的。

变现思维，你具备了吗？

激光一样的人设，才能让人记住你

想要带好货，首先要让人记得你。

让人记得你的独特样子，记得你有意思的名字，记得你的招牌动作，记得你的某一句口号，记得你卖的产品特性，记得你某一领域的专长。这样，你才会在这个领域有影响力。也就是说，想让直播交易水到渠成，你应该形成“一道激光一样的人设”。你要塑造直播间里的人格魅力，发挥人设影响力，提高个人或者直播间的强“辨识度”。

演员刘涛入职阿里，职务是聚划算“官方优选官”，花名“刘一刀”。

早在综艺《花儿与少年》中，刘涛就有“全能王”般的出色表现。做事细致，情商超高，乐于助人，是全剧组最养眼暖心的姐姐，其表现人人喜欢。记得有一集临行前的收纳整理，刘涛的打包功夫技惊四座。后来，淘宝上尽是“刘涛同款”。她不仅会考虑自身的需要，还会为同组的小伙伴准备不时之需，甚至连洗衣手套、胶带、万能洗脸巾、牙刷牙膏都替同伴准备上了。旅行中，她更像个停不下来的陀螺，收拾房间、做饭、搬运行李，一直帮忙做各种事情，感觉就是一个无所不能的女汉子。

国民好媳妇的人设，与老公恩爱夫妇的形象，都让人非常喜欢。

阿里的花名“刘一刀”让刘涛有了更清晰的标签符号，而她本人的好媳妇形象，也非常匹配带货主播。直播首秀，数据惊艳——1.48 亿元交易额，2 100 万观看人数，高达 90% 的售罄率，总引导进店人次 4 377 万，总补货次数 20 次，她交出了完美的明星直播答卷。

阿里还有一波神奇的操作，给“刘一刀”设计品牌 VI（视觉识别系统）。刘一刀的粉丝别称“刀客”，所以她的 VI 设计是一颗心、一把刀，二者的组合又像“%”符号。粉色系的宣传海报上，刘涛抱拳拱手，穿着黑色侠客服，满满的江湖大侠豪情，加上“%”这一组合logo，表现成“刀客”们的专属折扣力度，让人印象深刻。

从国民好媳妇的形象，到高调入职阿里聚划算“官方优选官”，再到直播间里敬业打拼的表现，加上标识清晰的VI，刘涛妥妥地成了带货明星中最亮的那一颗星。

那么，我们要怎么打造主播“激光一样的人设”呢？要打造超级符号！也就是要有鲜明的个人符号标签，即在理念、行为、视觉上形成自己独具特色的辨识度。通过符号（认知符号）、口号（记忆口号）、信号（购买信号），让人产生差异化认知，并日渐强化。就像李佳琦的“oh, my god”，“买它！买它！买它！”；薇娅的“废话不多说，先来抽波奖”……这些话术都是有非常明显的个人特色，让用户由熟悉而产生喜爱。

超级符号	MI 理念	BI 行为	VI 视觉	符号、口号、信号

图 2-3 个人符号标签

【案例】

吃的不是饭，而是人间烟火。

1996年出生的安秋金，其抖音账号“贫穷料理”已经有近2 000万的粉丝。他做得一手好菜，更有意思的是，他像美食圈里的相声咖，相声界里的rapper star（明星说唱歌手）。圆框金丝边墨镜、黑色褂子，白纸扇轻摇，配上节奏动感的音乐和解说词，还有经典的结束语“贫穷只是暂时的，记得按时吃饭”，让他在一众美食号中显得个性十足。

来看他的一个短视频：

小安：我之前做京酱肉丝，就有人跟我说，你这大葱一看就不是京葱。

有没有搞错？我买根大葱也要跑北京是吗？

（场景切换到北京的城墙与街道，小安在街巷胡同中溜达。）

Welcome to Beijing.（欢迎来到北京。）

作为距离北京 415.387 公里的山西男孩儿，这座有三千多年历史的古都，不管是一砖一瓦，还是这几个下棋的大哥、浓浓的烟火味儿，总是让小安心旷神怡。而北京的美食，最让我痴迷的，是那因烤鸭而生的京酱肉丝 WL 版（微辣版）！

刚买回来的大葱插到土里保鲜。

里脊肉，打片切丝，加一点点料酒，一点儿胡椒粉，一小撮盐，一点儿清水顺时针搅拚，把水吃进去，再来点淀粉，把水分锁住，酱肉丝就会很嫩，你懂了吗？腌制 15 分钟……

洗净大葱白，去芯切丝，葱芯也斜刀切碎。

动感干豆腐，切成正方形的片儿。空碗加两勺甜面酱、一勺白糖、两勺料酒、生抽一勺，再来一勺豆瓣酱，微辣给力，最后加点儿清水澥开。

锅烧北京的空气，胖手倒油。油热后下入肉丝，迅速滑散。

肉丝完全变色后，撒入葱芯儿，稍微出香后倒入面酱，转小火。小火炒 30 秒，淋入三勺水淀粉。勾芡关火，出锅。红油微辣版鱼香肉丝。啊，不对！京酱肉丝。

此情此景，叫作“北京的夏夜”。

西瓜大口，豆皮卷肉。京葱一凑，百吃不够。（咬一大口。）

感受；

千山万水寻人间烟火；

浮沉人世有真情你我。

贫穷只是暂时的；

记得按时吃饭。

你看看他的台词，再看他充满烟火味接地气的表演。一桶油、一口锅、几只碗，个性化的说书风格，黑色墨镜搭鼻子上，一把大纸扇手里轻摇。再加上每一道用心制作的菜肴，能让人感受到“治愈系的美食”到底是什么样的。这些细节，都是安秋金为贫穷料理这个账号特意设计的。服装、道具、话术，每一点都与认知符号、记忆口号、购买信号相关联。正是因为这些超级符号的存在，贫穷料理才从一众美食账号中脱颖而出。

2020 年 12 月我辅导了一个抖音带货号，主要销售家居服。主播是新人，账号也是新的。没有影响力和号召力，怎么能够快速带货呢？我们定下了设计账号的原则，就是要有“激光”一样的“强识别度”，让主播与别人不一样，一看就能记住。

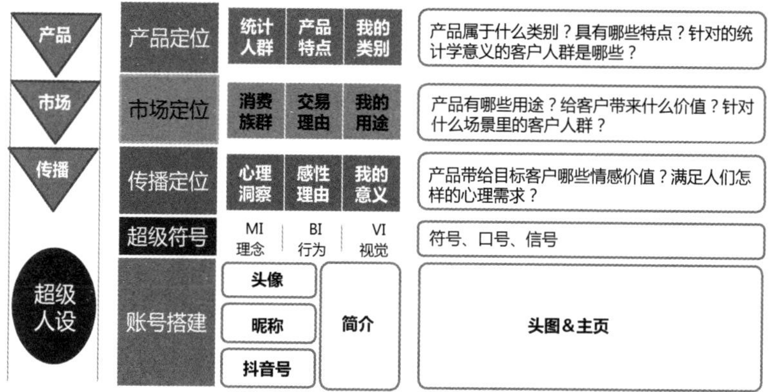

图 2-4 账号体系搭建

首先，从服饰上想办法。我们让主播在脑袋上统一戴上一个头饰，就像小象的两只耳朵，主播说话的时候，它一摇一摆、呼扇呼扇非常可爱。无论哪个主播出镜，这头饰一定不变。而且，直播间里常常安排两个年轻的女主播，就像两头小象一样蹦蹦跳跳，非常可爱。

其次，设计话术，有专门的顺口溜。“来了不要徘徊，徘徊等于白来”“大诗家居服，穿着好舒服”。顺畅、口语化的直播，让人记忆深刻，也更愿意留在直播间里观看。

最后，营造氛围。直播间里除了眼中看到的，还有观众耳朵里听到的。观众听到的不仅是主播的口播，还可以听见旁边助播、场控、助理的声音以及直播间里的音乐。所以，前后台配合，让观众看得更丰富、听得更饱满，才能让人留下来，让人记得住。

在短短 3 个月里，这个账号每天的销售额可以突破 5 万元，毛利 1 万元。作为一个新起的账号，这个数据非常不错。之所以能够达成这样的业绩，我认为与激光一样的人设密不可分。

所以，从这几个角度入手，设计“符号、口号、信号”，设计有仪式感的直播氛围，我相信，你的直播间也能够风生水起。

让人多看到你

有一位新主播请教我直播成功的秘诀。

我回答三个字：天天播！

对，成功就是这么简单。这里，绝不仅仅是“坚持就是胜利”的逻辑，而是“多看效应”。熟悉，会让人喜欢。熟悉，才让人产生信任。

人们总是偏爱自己已知的事物。虽然很多人不愿意承认这一点，但是心理学研究早已证明，人们更喜欢自己曾经遇见过的事物，因为熟悉的东西能够让人产生安全感。数万年前，人类还在丛林里的时候，前方出现一个陌生人，你不知道他是敌是友，你刚刚采集的果子有可能被他掠夺，甚至你可能会被他杀死，你大概率会提防他或者躲着他不被发现。但前方如果出现的是你邻居家的二哥，平日里就对你亲善友爱，你一定会招呼他一起回到宿营地。同样熟悉的，还有那些可以采集、可以食用的东西。那些熟悉的吃了以后不会中毒的食物，会是你采集的目标。

1982 年，可口可乐史上最优秀的首席执行官郭思达用 7.5 亿美元收购了哥伦比亚电影公司。这让所有人都大跌眼镜，因为 7.5 亿美元相当于哥伦比亚电影公司股票市值的两倍。更不靠谱的是，一家饮料公司怎么懂得制作电影呢？

但是，郭思达自有打算。并不是可口可乐想跻身娱乐圈，他其实是在为可口可乐公司谋划远方。早在1929年，可口可乐公司就在电影中开始植入广告。郭思达认为，和电影公司合作，总要看人脸色，不如自己买一家电影公司。这样，在电影里就可以随时植入广告。

一年后，哥伦比亚电影公司就给可口可乐带来9 000万美元的利润，电影也成了可口可乐公司最重要的宣传阵地。只要是哥伦比亚出品的电影，俊男靓女喝的都是可口可乐，英雄人物更是要喝可口可乐。

几年后，哥伦比亚电影公司完成了可口可乐交给它的历史任务。郭思达又把这家电影公司卖给了索尼。索尼为此付出了48亿美元。

我们看到，伟大的公司如可口可乐、宝洁、苹果，它们日复一日地做广告。虽然“天下谁人不识君”，但是它们还在坚持投放宣传。为什么？

多看效应！熟悉，会让人喜欢。

那么，直播电商呢？

就像我对那位主播所说的：“天天播”，你就一定会有收获。一样的道理，多看效应而已。

薇娅，2016年5月开始直播。2017年，一场直播破6 000万元销售额。而她直播一姐的位置，则是从2018年每月26日的“直播排位赛”里打出来的。2019年“双十一”期间，她的引导交易额近30亿元，成为一时神话。

自从成为带货主播，薇娅几乎全年无休。每天要记上百个产品的信息。直播大致从晚上 8 点开始，一直到晚上 12 点多结束。下播后，还要研究选品。从下午到公司开始，她就忙得一刻不停。几乎每天都要工作到次日清晨七八点。直播、选品，这样的生活她已经过了 5 年，并且还将继续下去。

除了薇娅，不得不提的还有李佳琦。

李佳琦曾在一次采访中说过自己不敢停下来的原因："每天活跃的主播都在 6 000 个以上，所以每天的直播场次大概有 10 000 场左右，如果今天不直播，说不定我的粉丝就会被另外的直播吸引住，他可能第二天就不来看我了。"

所有这一切，人前光鲜靓丽，人后吃苦努力。我们想想，从今往后活跃主播岂止 6 000、60 000，不经常出镜怎么行呢？谁会记得你呢？

为什么薇娅、李佳琦那么强？除了自身的条件，团队的付出、协同，选品的精准、高性价比都是原因，而最重要的就是坚持。因为坚持，所以在"薇娅的女人们"和"李佳琦的所有女生"的心中形成了"多看效应"。

类似的主播还有许多，你去淘宝、快手、抖音看看，但凡是粉丝众多的主播，大都是坚持出镜。

坚持，再坚持。

多看，被多看。

直播带货，主播们必须是认真的。

熟悉？再多点儿好奇！

熟悉，也滋生漠然。

不是刚刚还说熟悉产生信任吗？对的，就是因为熟悉会让人产生安全感，进而就会产生信任。但也正是因为熟悉会产生安全感，所以也会让人无视。因为，在亿万年的进化中，人类会因为安全感而放松。你想想，我们的某个祖先在非洲的大草原上，靠在树上打盹。身边熟悉的事物让他安心地瞌睡。迷迷糊糊间，远处突然跑来一头猛兽，他一个激灵，被吓醒了。

因为熟悉，产生安全感，所以就会放松，就会懈怠。

因为意外，会有威胁感，所以就会警觉，就会好奇。

所以仅仅靠让人“多看”，你也未必能够赢在直播间，因为你的观众会懈怠。

很多品牌渗透在我们的生活中，我们是忠实的消费者，但是我们常常视而不见。

假设你刚刚去了门口的便利店，还能记得货架上的方便面是什么牌子吗？统一还是康师傅？是什么口味呢？老坛酸菜还是红烧牛肉？你是否还能记起，店里有没有娃哈哈的八宝粥？再有，饮料柜里有没有小茗同学或者 AD 钙奶？再或者，有没有营养快线、百事可乐和康师傅冰红茶？

想不起来了吧？对那些熟悉的品牌，我们常常熟视无睹，似乎患上了“品牌眼盲症”。人们每天要接收太多的信息，对于那些太熟悉的事物自然会视而不见了。

但是，在饮料柜里，你有没有看见那款最近的网红产品——“元气森林”气泡水？你是不是会把它拿起来，来到收银台？在拿起元气森林气泡水的时候，你的脑子里是不是浮现出喝苏打水可以减肥的文案？而且文案告诉你，元气森林的饮料里不含蔗糖。你想想喝一瓶甜甜的饮料还能减肥，这样的好事，自然可以试试呀！所以，你就买下了它。

为什么对于营养快线你熟视无睹，而对于元气森林就做出购买选择？

对，人们总是想尝试一些新的东西。

在这里，再给你一个直播间里要掌握的销售技巧：“MAYA”原则，也就是“熟悉 + 意外”原则。

MAYA 来自英文单词“most advanced yet acceptable”，意思是尽可能前卫，但要能被接受。这是“工业设计之父”雷蒙德·罗维的设计原则。他被赞誉“以一人之力左右了 20 世纪美国人的审美标准”。作品中有壳牌石油标识，还有美国总统专机“空军一号”的蓝色大鼻子涂装等。

MAYA 原则最重要的精髓就是，如果是陌生的东西，你要让它变得熟悉一点儿；如果是大家熟悉的东西，你要让它变得新鲜刺激一点儿。

重复，会导致人们的审美疲劳。最佳的状况是，在一个意外的场合，看到自己熟悉的事物；或者在一个熟悉的场合，看见一个意外的事物，你就会特别喜欢它。这好比是“他乡遇故知”或者是“那人却在灯火阑珊处”。

就像你在美国旅行，餐厅里居然看到有茅台或者青岛啤酒，或者在异国小镇里看见眉州东坡的饭店，你会喜出望外；再或者去故宫游玩，你会喜欢去珍宝馆，看那些被收藏的西洋钟表。也正是因为MAYA原则，看电影的时候，你常常会因为钢铁侠的上天入地、美国队长的盾牌威力，再或者蚁人一会儿变大、一会儿缩小这样起伏的剧情欲罢不能。

那么，我们在直播时怎么应用MAYA原则呢？

来看看薇娅是怎么做的吧！综艺《乘风破浪的姐姐》火了，姐姐们也因此再次人气圈粉。吴昕、宁静等明星姐姐们被薇娅一位一位地请到了直播间。“看我弄潮搏浪，多认真的亮相，努力跳，吆咿吆咿吆咿吆咿吆咿吆”。在直播间里，她与吴昕一起跳起《无价之姐》的舞蹈。除此之外，她又与宁静讨论画画和化妆。

当然，她也没有忘记带货。宁静接了宝洁旗下碧浪品牌的推广。所以，二人在直播间里直接做起了碧浪的带货。显然，宁静也是做过功课的。她讲了洗衣液抗菌和抑菌的区别，还讲了使用碧浪洗衣凝珠的感受。两万份，转眼秒杀！实力带货一姐与乘风破浪姐姐的联手，果然出手不凡。

为了宣传新电影《拆弹专家2》，刘德华也来到薇娅直播间。当天晚上，50万张预售电影票被秒杀，卖出近千万票房。第一次开卖的20万张票，瞬间秒光。

彼时，刘德华在直播间里萌萌地问“它是什么意思”。

薇娅：就是全卖光了！

刘德华：就刚才 5、4……

薇娅：对，是的。现在已经没有了。

刘德华：再卖一次！再卖一次！不要聊天了，就卖啦！

（哈哈哈，直播间里笑声爆起。）

已经成名的薇娅还常常这样跨圈请红人串场子，为什么呢？

MAYA 原则！在熟悉中，增加一点新奇感。不同领域的明星坐在一起，会擦出怎样的火花？怎么让平静的直播间里有点儿波澜，让买买买的卖场增加一些色彩？熟悉中有点儿好奇，给粉丝们更多不同的感受。这就是薇娅主播的操作技巧。

类似的，李佳琦也对此套路熟稔于心。他的直播间里，也常常高朋满座。不过，李佳琦的套路还有一招——“换场景”。

《乘风破浪的姐姐》复活赛，被淘汰的姐姐们迎来了再次挑战，她们努力演出，争取留下来的机会，证明自己的实力。比赛中请来的助阵嘉宾，不是别人，正是所有女生的魔鬼，“买它！买它！买它！”的李佳琦。在 OMG 拉票助阵时间，李佳琦居然跳起了唢呐版的《无价之姐》舞蹈，引来现场欢笑无数。

出圈助阵，将主播人设丰富起来了。粉丝们看到的不再是一个只会“买买买”的带货主播，而是一个人设丰满、多才多艺的实力主播。

除了“请进来，走出去”，还有“连起来”PK 连线。

这一招，快手的主播经常用。

通过连麦，主播之间进行互动，粉丝就流动起来了，主播也扩大了自己的舞台。不会连麦，等着客户来的主播，就像守株待兔的农夫；会连麦，客户就会跟着对方主播来，1+1>2。连麦带动的直播氛围，能够更好地刺激消费。

连麦的对手主播，要选择产品互补型的。这就更容易产生1+1>2的叠加效果。不要停留在自己的小圈子里连麦。比如，你是卖服装类目产品的主播，那么要连麦美妆主播，因为粉丝群体大都是女性重叠，但产品的消费场景不同。粉丝互补，就能够达到扩大圈层效应的结果。

快手主播梁某某首场直播带货，时间长达6小时。其他5位快手搞笑人气主播在线与梁主播连麦PK，他们纷纷帮自己的粉丝讨要专属最低价和随赠商品，为自己的粉丝谋福利。正是这样，梁主播当天带货总额高达557万元。

通过连麦，增加了主播直播间的热度，让更多新粉丝认识了主播。同时，也能打破不断重复的直播间气氛，增加老粉丝的新鲜感、获得感。

MAYA原则，创造新鲜刺激的感觉。“请进来、走出去、连起来”，会让你的粉丝越来越多，越来越喜欢你。

“驯养”你的客户

有人老家是安徽的，爱吃臭鳜鱼；有人老家是四川的，爱吃火锅；有人老家是潮汕的，爱吃海鲜。有人喜欢小米的手机，有人喜欢华为，有人喜欢苹果……这是每个人的个人偏好。

我们每一个人由于生活习惯、成长环境、学识修养、职业特点等因素的影响，会对某些人或者事物稳定地、持续地追求和偏爱。而这种心理偏好，会时刻影响人的判断和决策。

我们为什么会对这些事物偏爱呢?

因为在之前的生活经历中，这些事物对我们进行了“驯养”。

在经典童话故事《小王子》中，小王子遇到一只狐狸，狐狸请求小王子驯养它。它说:“驯养的意思就是建立联系，对我来说你还只是一个小孩。就像千万小男孩一样，我不需要你，你也同样用不着我。对你来说，我只不过是一只狐狸，和千万只狐狸一样。但是如果你驯养了我，我们就互相不可缺少了。对我来说你就是世界上的唯一了，对你来说我也是世界上的唯一了。”

要想让人形成稳定的、持续的偏爱，最好的方式就是“驯养”。

驯养，虽然这个词经常用在动物身上，但人与人、事物与人之间，也可以是驯养关系。因为这是一种让他人与自己建立情感联结的方式。怎么驯养呢?要有仪式感!

狐狸对小王子说:“你最好还是在原来的那个时间来，比如你说下午 4 点来，那么从 3 点开始，我就会感到幸福。但是，如果你随便什么时候来，我就不知道什么时候准备好我的心情。”所以，一定要有仪式感。

想一想，为什么每逢“618”和“双十一”，我们都会忍不住剁手买买买?原因就是这么些年来的电商大促活动，对于我们这些用户的“驯养”。

所以，你的直播间，也得学会驯养客户。

【案例】

兰瑟，是我担任顾问服务的一家彩妆公司，也是国内彩妆销量排名靠前的品牌。在线下屈臣氏渠道，该品牌的销售量在国内彩妆中多次排名位居第一。受疫情影响，公司线下的销售在2020年初受到巨大冲击。

我们在4月开启了抖音自主直播之路。

来我们的直播间看看吧。

主播：各位宝宝们，今天是我们兰瑟品牌的宠粉日。每月2日都是我们的宠粉日，这是我们兰瑟粉丝们的专属节日。

老粉丝们都知道，我们每月的今天都会给大家送出很多福利。

来！我们直接先上福利。我先送出满屏的口红套盒。你们看这个套盒口红，6只，我们免费抽奖。免费抽！抽一满屏哈。

这盒口红有6个色，我先给大家试一下色，这个色，哇！太好看了，枫叶红，太美了。

再来看一个色。

……

我们先抽一个满屏，大家打“宠粉”两个字，你在我截屏的时候，出现在截屏上，你就中奖了哈！我现在就抽一波。

……

大家一定加入一下我们的粉丝团，今天所有的产品都是限时限量的福利啊！只有我们的粉丝才会有这么大的福利哈！

大家记住，要看到福利就下单。不然，你明天再进来我们的直播间，就不要问怎么没有这个价格了。对，就是没了。因为今天是我们的宠粉日，我们特地申请了宠粉价和宠粉福利，所以今晚大家千万不要错过啊。

……

兰瑟每天直播，但是为了让粉丝们有熟悉感、新鲜感还有仪式感，我们每月特设了三个特殊的日期——上新日、宠粉日、折扣日。这就像粉丝的节日，许多单品都有非常好的价格和福利。在这几天，老粉丝们都满怀期待地来。相较于平时，这几天的销售额和直播间的粉丝流量节节攀高。老粉丝们还会带新粉丝来。最好的营销，其实就是口碑营销。你的客户向他的朋友推荐你的品牌，你就成功了。

兰瑟的宠粉日之所以客户纷至沓来，究其原因是粉丝已经形成了认知。“驯养”，让粉丝对宠粉日产生了认知和情感联结。通过“驯养”，让客户在心智中形成强认知和心理偏好。

最后，再强调一下“驯养”的关键：仪式感。

找到客户认知的价值锚点

前面讲过，在用户眼中我们要成为激光一样的人设。但是，这是一道怎样的激光呢？也就是如何找到激光发出的那个源头呢？我的答案是，你有没有找到自己的价值锚点。

在这里，介绍一个价值锚点公式：用户认不认？对手强不强？自己能不能？找到这三者中间的那一个点，就是你有差异化的价值锚点。找到这个价值锚点，你就可以持续发力了。

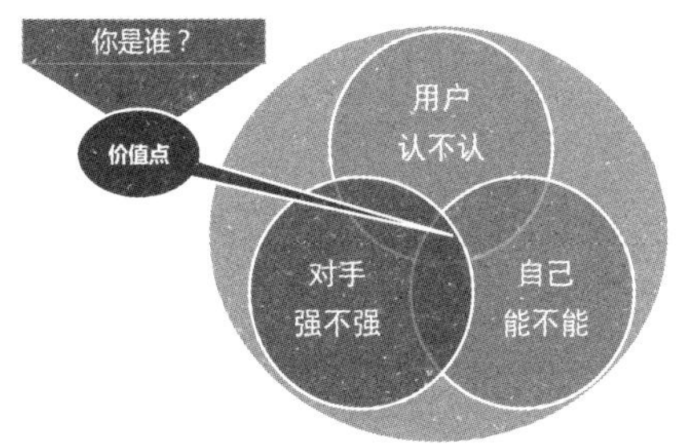

图 2–5　价值锚点公式

用户认不认？就是说，用户对你的人设认可吗？你的人设匹配吗？明明你做的是剧情号，却在直播间里带货，形象突兀了，货自然也就带不动。还有些女明星带货，表现得高高在上，展示口红，却不愿意上嘴演示。只是在手背上擦一下，或者让助理演示。这样的表现，怎么能赢得用户的认可呢？

对手强不强？选择的类目，竞争对手的表现是不是比你更强，并不是谁都能成为一个全能型的主播。李佳琦强在美妆护肤、罗永浩胜于 3C 数码、刘涛擅长日用家居，哪怕是顶级主播，都有其人设定位中极强的一个点，才可以从众多主播中脱颖而出。你要找到自己与对手之间的差异。记住，你与对手的价值点，在用户眼中都是不一样的。

自己能不能？主播的能力是否能够胜任自己选定的人设。这里的能力，包含专业技巧、售卖技巧，甚至是你流量获取、运营客服以及供应链的能力。假设你做的是美妆主播，会化妆就是你的专业技巧，你还要掌握带货的售卖技巧、能引流的运营技巧，还要有供应链资源能力。这些，都在竞争对比中缺一不可。

【案例】*@夫夫先生*

有多少姐妹一直在我直播间里看我化妆的？我素颜时不好看吧？是不是从鬼变成美女啦？

我跟你们讲，我的专业不强，但是实用的妆，我可以教你们的呢！

你看这个眼影，太美了。这个我一定要给你们试一下。

哇！好看！

好看吗？你看，这个颜色，没有一个女生不爱的。

这个颜色，跟我的妆好搭。好看。

这个高光，超美。

啥意思？我没有开美颜。我……没开美颜！

我像baby吗？哈哈，我的妈呀！太美了。我沉浸在自己的绝世美颜中了。

姐妹们，这个好好看。这盘眼影，我一定要自己留着，太好看了。

这个妆很自然吧？今天我不卖货，只教大家化妆哈。这个颜色太棒了。

哇，谢谢美女送我的热气球！

这是美妆主播“夫夫先生”的抖音直播间，正在直播的是夫夫先生的搭档希希。作为抖音美妆类目排名前十的主播，夫夫和搭档希希是我非常喜欢的一对组合。夫夫的短视频，常常先是素颜出镜，上来先扮丑，然后上演惊天大反转，上妆之后秒变惊世帅哥。因为是敏感肌肤，而且经常上妆卸妆，夫夫的肤质不是特别的好。因此，他从真实的自己秒变帅气一哥的视频，引得无数点赞。评论区里常有人说，把你的手借给我用一下吧！

观众通过短视频认可了夫夫的美妆手艺。在直播间里，夫夫又有自己独特的风格。他会和自己的搭档希希插科打诨，一边直播一边开玩笑，再配上风格独特的音效。直播间里不像是在卖货，而像是欢乐的聊天室，主播顺便给你介绍一下自己心仪的产品。夫夫不是每场直播都带货，而是会安排专门的档期教观众和粉丝们化妆。刚才案例中的那段话，就是希希在教大家化妆。就在这样闲谈般的化妆教程中，把产品的卖点都突显了出来，也激发了粉丝们下次再来看直播，并且产生购买产品的意愿。

凭自己的美妆手艺和口才上演反转大法，直播间里戏谑的话术，以及夫夫和搭档希希差异化的价值点，击中了无数粉丝的心。用“观众认不认，对手强不强，自己能不能”对照，他所直播的类目是美妆护肤，竞争对手众多，但他能够找到自己的差异化，并且不断强化，成为众多美妆博主中让人记忆深刻的一位主播。

并不是每一个主播都有夫夫和希希的美妆技能，是不是没有他们这么强就带不了货？当然不是！只要你找准自己的价值锚点，你一样能做一个好主播。

比如@*肥猫手工美食*这个账号，我们来看她发的一段短视频。

【案例】

在农村的老房子，镜头里一位老婆婆坐在明堂里休息。梁上垂着一条绳子，上面挂着一个篮子。此时，过来一个中年妇人，从篮子里端出一个竹扁箩，嘴里在说："小时候啊，奶奶就是这样把好吃的东西藏在这里面的。"

她把竹扁箩端到镜头前，里面是晒干的金黄色小地瓜干。她说道："来，我找到喽！超好吃的地瓜干。你们小时候是不是也这样子啊？糯糯的地瓜干。"

她从扁箩里拿出一小块地瓜干塞进嘴里。嚼了一口，香！

看过视频，你再进她的直播间，一个普普通通的素人中年女主播正在张罗售卖她家的各种产品。我去小黄车里看到都是地瓜干、落花生、红糖麻花、绿豆糕、凤爪、梅干菜肉麦饼这些农家食品。直播间里，进进出出，同时在线的大约百十来人。有不少是老客返单，主播在不停地与他们打招呼。

你看，用户认不认？对手强不强？自己能不能？只要找准价值点，平凡的普通人卖农家食品一样生意兴隆。

定位人设品牌要基于自己的价值锚点，这就是直播主播的安身立命之本。

关键人物法则

营销的本质是影响消费者的行为，但是没有谁能完全通过自己的力量来改变消费者的行为，只能引发消费者之间的连锁反应和互动效应，让消费者影响消费者，才能事半功倍。你要做的，是触发他们做出行动。

美国畅销书作者格拉德威尔在其著作《引爆点》一书中提到，让人影响人，流行这件事并不神秘，只要找对“引爆点”，制造流行就完全有可能。他总结，传播其实就是人的传播，在不同阶段需要不同的人起着重要作用。引爆流行就是要找到不同阶段的“关键人物”。

同样的，美国社会学学者、创新扩散理论创始人埃弗雷特·罗杰斯在其理论中详解了人们对一个新事物的态度和行为规律。他把人群分成 5 种：创新者或者叫尝试者、早期采纳者、早期大多数、后期大多数和保守者。

- 尝试者，一群最具冒险精神的人，估计约占目标人群总数的 2.5%。
- 早期采纳者，一群“内行”，小圈子里的“意见领袖”，乐于分享和助人。他们约占目标人群总数的 12.5%。这是最关键的一群人，抓住了他们，基本能抓住整个市场。
- 第三类早期大多数，第四类后期大多数。理想状态下，他们占目标人群总数的 70% 以上。“不做第一个吃螃蟹的人，也不做最后抛弃陈腐观念的人”，他们是目标消费群体的主力军。

- 保守者，不单指思维保守、接受新事物慢的人，还包括对产品和品牌理念不认同的人，或者是竞争对手的忠实拥趸。比如苹果的拥趸，可能就是三星的保守者。

你的直播、你的品牌、你的产品能否让更多人认知并产生购买行为，并不在于只靠自己不断投入资源来拉动，而在于你能否找到那些“内行”，找到那些 KOL（关键意见领袖）和 KOC（关键意见消费者）。他们既是认同你的早期采纳者，也是传播的关键人物。我们不要把所有改变消费者的营销行为都让自己来承担，而是要考虑如何触动更多的“关键人物”来帮我们传播。

组成市场的最基本单元不是一个个“孤立的个体消费者”，而是一个个“内部有联络的社群”。举一个例子，小逸是办公室里的精致女孩，她每月花在化妆品上的钱都要好几千，所以办公室里的女生常常会听她的建议，考虑买哪些化妆品。她就是这个小社群里的意见领袖。小张喜欢各种 3C 数码产品，平时也有非常强的动手能力，办公室里谁的电脑有问题要重新装软件，或谁的手机出状况了想买一台新的，大家都会找他征询意见，他就是这个社群里的“内行”和 KOC。

我们要做传播，就要找到这一批“早期采纳者”，再由他们去推动，就能获得事半功倍的效果。

怎么做呢？

让“关键人物”影响“关键人物”，让“大意见领袖”影响“小意见领袖”，让KOL带动KOC。

【案例】酒仙网拉飞哥

曾志伟开直播带货了！作为香港电影业的大哥级人物，他出演过许多让人印象深刻的影视作品。这次的直播，他卖酒。大哥的确有大哥的气场，在讲解酒的时候也是毫不露怯。坐在他旁边的是抖音410多万粉丝的播主“酒仙网拉飞哥”。

曾志伟：这是法国露歌庄园的海藏酒。

拉飞哥：以前是由于沉船事故，有些酒被埋在了海底。后来被重新打捞上来，人们发现这种酒特别好喝。因为海底稳定的温度与黑暗的环境，为酒提供了完美的贮藏条件。这款酒，是酒庄珍酿的白葡萄酒，把它窖藏在深海7个月，让它去经历海水的洗礼，所以口感特别美妙。

曾志伟：海水进不去，空气进不去，所以保存得非常好。整瓶酒在海水的波动下，里面的分子撞击慢慢地在变化。

拉飞哥：大家知道，葡萄酒尤其是白葡萄酒喜欢什么呢？第一恒温，第二避光，第三潮湿的环境。海底呢，正好提供了这样的环境。

曾志伟：对对对，所以海藏酒是很值得大家喝的。

（此时，拉飞哥在冰桶里拿了一支海藏酒，一边启盖一边对话。）

拉飞哥：喝一瓶少一瓶，它的量很少。

曾志伟：海底7个月，它是2016年放进海底的，2017年出产的。OK！你看看。

（这时，拉飞哥已经倒出一杯金黄如琥珀般的葡萄酒。因为是冰镇的，玻璃杯壁上还凝着一层薄薄的雾。）

曾志伟：哇，你看这个塞子上还有海底的感觉。

拉飞哥：大家知道，在海底放着要解决这种密封性的问题，所以我们采用的是这种颗粒塞。饱满的颗粒塞密封非常好，只有些许空气，可以让它产生化学反应。

（此时，曾志伟拿起了酒杯在镜头前摇晃。）

曾志伟：看，挂杯，挂杯。

拉飞哥：对，金黄色、琥珀色，非常的漂亮。在夏季的时候，一定要冰一下再去喝，在8℃～10℃口感最好。

曾志伟：对，就像在海底的温度。喝的时候，配生蚝、吃海鲜。

拉飞哥：所有清淡的食物，都可以搭配。

……

这场直播，曾志伟和拉飞哥联手完成了1 200多万的销售额。

我们看见的是曾志伟光芒四射，但是这场直播真正的主角是拉飞哥。作为专业的品酒师，在直播过程中，他的专业能力很好地提升了明星的专业度。而且，因为积累了多场直播的经验，所以整个直播间的节奏事实上也是由他在掌控和推进。什么时间该卖什么、产品卖点、销售逼单……他非常好地掌握着直播间的火候。

作为一个垂直类目直播电商的创业者，拉飞哥一路全靠自己的努力打拼。但是怎么能有更高的知名度，让更多的消费者认知，这就要靠关键人物的加持。一场卖酒直播破 1 200 万元，功劳既是曾志伟的，也是拉飞哥的。曾志伟的到来，让更多人认识了拉飞哥。不仅认识这个人，更认识到这个人的专业度。那么之后的销售自然水到渠成，这就是大 KOL 带动小 KOL。

曾志伟纵横香港影视界几十年，特别是老大的形象，让人印象深刻。他拥有很多的影迷，特别是一些 70 后、80 后、90 后的男性粉丝。这些人本身就是酒类目的目标用户群体，而能够刷抖音的用户往往也是会接受新鲜事物的“早期接纳者”。这些人往往也是小社群内的“意见领袖”，这又是 KOL 带动了 KOC。

由“大意见领袖”带动“小意见领袖”，直播间才会有更大的影响力。

建构私域流量池

“好空调，格力造。”伴随着这句广告语，频频出镜的董明珠也成了国人心目中知名度极高的企业家大 IP。

受疫情影响，格力电器 2020 年一季度实现营收 209.09 亿元，同比减少 49.1%。4 月，董明珠开启了自己的直播带货首秀，在经历了前三场 20 万元、3.1 亿元、7 亿元的试水，第四场 65.4 亿元，第五场 102.7 亿元，第六场 50.8 亿元，6 场直播卖货 229 亿元。特别是“618”直播破百亿，成绩亮眼。董明珠说:“这 100 亿不仅仅是在这个现场，还有全国的 3 万个格力专卖店同时在线上和线下一起来做直播。”

显然，董明珠的直播带货逻辑与李佳琦、薇娅的带货逻辑是不同的。她的直播，是由线下经销商在线下引流，然后再进入直播间完成销售转化。

比如经销商会用各种方式去线下引流：在小区附近摆摊，送小礼物让人加微信，通过这类地推方式把经销商周边的住户微信归拢起来。在直播前，他们再给用户发送一个带经销商信息参数的二维码。用户通过这个二维码进入董明珠的直播间，系统就可以分辨是哪个经销商带来的流量。用户一旦购买，格力就会给相应的经销商分成。

所以，董明珠的直播是把经销商之前归拢的私域流量，通过直播分销的方式实现转化。这其中还有很多促销的小活动，比如膨胀金。参加直播前，粉丝可以在经销商这里购买 9.9 元的膨胀金，在购买空调的时候就可以充当 100 元来用。当然，如果没有购买，这 9.9 元就不退了。因为损失厌恶心理，很多人就会在现场花钱购买产品。

在直播结束后，格力总部会通过二维码来溯源，根据每个经销商带来多少流量和销售额，给经销商分成，并由经销商完成发货和售后服务。对于经销商而言，虽然赚取的差价会少些，但是销售数量增多了，薄利多销赚到的钱可能会更多。

董明珠和格力，给直播电商带来了新的玩法，就是私域流量。

当然这里有几个前提，一是技术上的储备，IT 的建设包括二维码溯源、线上成交系统、销售分成系统、供应链对接等，都需要 IT 系统的支持；二是经销商的区域管理，流量属于谁，谁完成配送售后，都要做好对应。

最重要的是要有大 IP。

董明珠本人，因广告的高认知度，已经成为一个大 IP，格力本身也有非常清晰的品牌 IP。私域流量与品牌 IP 的结合，还有技术上的配合，让格力的直播电商走出了异军突起的道路。

网易创始人丁磊也下场直播带货了，4 小时成交 7 200 万元。小龙虾上架 5 分钟订单破 15 000 单，未央黑猪肉卡 5 分钟订单破 10 000 单。

【案例】

丁磊一脸笑呵呵地坐在中间，一侧是浙江卫视名嘴华少，另一侧是一位美女，很多人看她觉得非常陌生。然而，这位美女气场一点儿不弱于华少，利落地介绍着产品。在介绍小龙虾时，她一边吃一边说："再给一个特写，给大家看看，这我搂了一大盆虾，这是最后一只，这个肉非常厚实，这个鳃非常干净。"顺手她又把小龙虾塞嘴里了。旁边的华少帮腔说："关键是非常弹，新鲜。"

美女：你们快拍吧，我们要到下一个产品了，拍到 2 万单了吗？

华少：最后 1 000 单了。

美女：我数三个数啊！ 3、2、1，下架。我们下一款产品。

（她拿出一盘猪肉，正是网易著名的未央猪肉。）

美女：有多少人，今天是来等猪肉的？

华少：我我我……（继续帮腔。）

美女：我朋友说，你今天晚上是不是要卖猪肉，我说是，她说帮我拍一点儿，我说没问题。

华少：给大家看看这款猪肉，给大家看一看。

（美女递上一张图片。）

此时丁磊终于插上一句话说：你来讲吧！哈哈，你讲得好小龙虾，还能讲不好猪肉?

美女：猪肉的话，这人人都需要啊！OK，听说这个网易未央是您一手创立的，然后这个未央就是说……

（她一时接不上话，扑哧一下笑趴。华少在一旁笑得前仰后合，对着丁磊。）

华少：老板，你要说话，其实我们俩也挺怕把你一个人撂在中间的……

哈哈哈，全场欢笑。

这个和华少一起把身价200多亿美元的大老板丁磊撂在中间说不上话的美女叫“蛋蛋”。她是快手上1 300万粉丝的主播。

这场直播，与其说是大佬空降快手直播带货，不如说是蛋蛋携自己的1 300万粉丝迎接丁磊来到直播间。是追随蛋蛋的1 300万粉丝，支撑起了这场直播大多数的业绩。

当然，丁磊很厉害，但快手主播的粉丝号召力，确实也是相当强大。

蛋蛋带货成绩一直引人注目，2020年销售几乎场场都能破亿，4月更是以11小时直播实现了单场带货破4.8亿元的战绩。

蛋蛋这样的主播之所以能够业绩出众，得益于快手平台的老铁文化，社交黏性更强，私域流量属性更强，粉丝基于对主播的强烈认同而采购。粉丝相信主播不会亏待自己，货品价格、质量都有保证。而主播也因为粉丝的信任，不敢怠慢，用心选择供应链。正是这样彼此成就，建构起了社交私域的商业闭环。

再来看看李佳琦，他也有私域流量。

李佳琦——作为网络热词新成语“琦困无比”的缔造者，他是能让你蹲守他的直播间，在你已经犯困到眼皮打架，但依然让你坚持看直播的“人间唢呐”。

他直播间的货品，你未必每一件都抢得到。2020年“双十一”期间，李佳琦和薇娅的直播间都曾日观看人次破亿。你买了李佳琦直播间的产品，在收到产品的同时会收到一个二维码，你会不会关注一下？扫一扫，就会链接到一个微信号。这是一个机器人号，它会把你拉进一个“李佳琦官方粉丝群”里。在这个群里，你几乎每天可以收到李佳琦直播间的播品预告。

我所在的群500人，编号已经是820了。这也就意味着，在我之前已经有了40多万的私域流量啊。在他的私域流量群里，机器人会播报：

> 今晚有大家期待的：云耕物作红糖姜茶、FIVE PLUS连衣裙、素士电动牙刷、花西子眼线笔、芙蓉肌女神水等超多好物哦！
>
> 今晚8点15分，不见不散哦！

你看，李佳琦让喜欢他的粉丝知道了每天要卖的货品是什么。这对于销售，是不是非常有力的促进？另外，他的群里还会分享美妆护肤知识。

所有女生的美丽基地 # 来喽，每日分享一个护肤小技巧。让美丽不单行。

1. 干皮肤质有哪些特点？
2. 干皮肤质的 MM 需要注意哪些？

这样的群，粉丝们是不是就更愿意留着？

拥有私域流量，新零售的终极之道。你有没有做呢？

第三章

精准选品

直播带货能否成功？最关键是看选品。

我把它称为：“七分看选品，三分靠播品。”选品的重要性，怎么强调都不过分。如果你的选品不对，直播必然翻车。直播电商这门生意，看似流量为王，但是真正的核心是供应链为王。谁能有更强的供应链实力，谁就能赢得这场“战争”的胜利。不信，你拿高性价比的优质品牌货打造一个人设试试？必定能够胜出。

提问：第一个问题，是不是所有产品都可以做直播？汽车、房子、家具、建材、大家电，还有图书、电影票、旅游景点门票这些都可以直播销售吗？

第二个问题，是不是别人卖得好的产品，我也可以卖得好？什么样的产品才能成为我直播间里的爆品？能不能把别人的爆品放在我的直播间里引流？

第三个问题，企业自己的直播选品怎么选？如果 SKU（标准产品单位）少怎么办？如果新品少怎么办？如果产品都有控价怎么办？企业不知名的好产品怎么播才能卖得好？

之所以选品重要，是因为我们要回归营销的经典 4P：产品、价格、渠道、推广。产品本身就是营销最重要的元素。用户购买的就是产品本身，用户要的就是产品给他带来的解决方案。用户在购买时，考虑的首要因素是产品是否帮他解决了生活中的某一个问题。

直播中的选品，一看产品本身，二看主播人设，三看产品针对的用户。

- 你的选品，是否契合主播粉丝群体？
- 你的选品，是否契合主播人设形象？
- 你的选品，是否契合客群承受价格？

在现实直播电商场景中，能够卖服装的主播未必能卖得动彩妆，能够带货彩妆的主播未必能够卖3C数码，卖得动3C数码的主播不一定能带货箱包鞋具。就像在大多数人的印象里，李佳琦擅长带货彩妆、罗永浩擅长销售数码产品。闻道有先后，术业有专攻。

除此以外，一场成功直播的选品，我总结了还需要具备的“短平快、高大悦、名品配”九字诀。它们分别是：

1. 短缺品；
2. 平价品；
3. 快消品；
4. 高门槛；
5. 大需求；

6. 悦己品；

7. 名特优；

8. 品牌感；

9. 配比率。

“短平快、高大悦、名品配”，是精准选品的九字诀，它基本定义了选择货品的原则。直播选品不准，基本白忙；主播选品不准，绝对翻车。对于直播而言，选品决定了最终的销售成绩。记住，消费者来到你的直播间，其最终目的不是来看热闹的。他想看的，是你的直播间能给他带来什么价值。而产品，就是直播间的价值解决方案。

“稀缺”才是打开客户欲望的按钮

亚当·斯密在其著作《国富论》中提出过一个问题：钻石和水哪一个对于人的生命更重要？为什么对于人而言，水比起钻石更为重要，但是钻石更贵？这就是著名的“钻石悖论”。

答案就是“稀缺”。

“稀缺”铸就了经济学的底座。人类所有的经济活动，都是围绕资源而展开的，人们往往对于短缺的东西会更为热切地追逐。大到房产、土地、文玩、珠宝、黄金，小到一盒新茶、一款新化妆品、新手机、新品奶茶……

如果一样东西少，或者越来越少，那它就越珍贵，越被人所渴望。

这就是经济规律。

那么，很多产品真的稀缺吗？

也不全然这样。

而今，中国市场的供应链能力在全球数一数二，生产能力强大无比。2020年初疫情爆发，导致口罩短缺，市场上一时间供不应求。但在短短一个月后，口罩就已经可以达到供需平衡了。三个月后，更是市场饱和甚至过剩。市场配置资源，产品往往不会短缺；只有供给与需求的不相称，才会产生短缺。所谓的稀缺性，是指所欲数量（需求）与可得数量（供给）的关系。

知道了“稀缺”是需求与供给之间的关系，那么会营销的人就懂得，产品的稀缺感是可以被制造出来的。

圈内人都知道，如果你的品牌去请薇娅、李佳琦带货，一定会被提一个要求，要获得该产品在品牌方的历史最低价格。此外还会要求商家全网保价两个月，不得低于此价格。为什么会这样？这就是一招，制造独占性。利用价格独占性的优势，产品的稀缺感就被制造出来了。这样主播带货时就能够制造“短缺”的感受，进而更容易刺激目标人群的冲动消费。

还有“深度绑定”也成了主播之间竞争的不二选择，这样在价格可控的前提下，主播就能进退有据地制造“稀缺感”。我们来看李佳琦，与他深度绑定的化妆品品牌就有完美日记、花西子。完美日记数款产品由李佳琦推爆，甚至还与他的爱犬Never联名推出了一款眼影盘，30万盘居然一秒卖空。花西子还邀请李佳琦担任“首席推荐官”，李佳琦为花西子拍摄的广告登上了《时尚芭莎》。在李佳琦等一众网红的助力下，花西子的业绩持续走高。

另一个侧面则是 2019 年“双十一”百雀羚放李佳琦鸽子的事件，全网闹得沸沸扬扬，一度登上热搜榜。起因是百雀羚没有给到李佳琦活动最低价。李佳琦直接在直播间说：“要做就做最低价，不做就不参加‘双十一’。”随后，百雀羚出现在了薇娅的直播间里。主播们对于最低价，已经到了锱铢必较的地步。

2020 年，上海家化旗下品牌“玉泽”又与李佳琦一起成为舆论焦点。起因是李佳琦的粉丝们在各大社交平台上为他鸣不平，控诉说被李佳琦一手捧红的“玉泽”，爆出与其解约与不合作，品牌方是“过河拆桥”。李佳琦的表态非常得体，他在直播间里说：“玉泽的产品非常好用，暂时没有合作上也很正常，大家可以去别的渠道购买玉泽。”而玉泽官微的声明是：“曾经第一时间与李佳琦团队沟通续约，但因商务条款原因暂时未对合作达成一致。”

2019 年“双十一”，玉泽与李佳琦开始互动，开启线上营销之路。李佳琦多次在直播间里把玉泽的修护面膜称为“本命面膜”，不吝赞美之词。并且，他还分别在央视和东方卫视的直播中，两次携玉泽出场。截至 2020 年 1 至 6 月，玉泽已经 28 次进入李佳琦的直播间。“618”期间更是密集地四次登场。然而，蜜月之后是分手。虽然双方都没有恶语相向，但是李佳琦的粉丝们坐不住了，纷纷为他鸣不平。

2020 年 9 月 9 日，玉泽进入薇娅直播间。其实，早在 2019 年 8 月，薇娅就被上海家化授予“全球好物推荐官”的称号，玉泽进入她的直播间，确实是名正言顺。这一切就是市场话语权的争夺战。毕竟，流量之争背后一定是产品之争、供应链之争。

主播选品，一定要有市场上的“短缺品”。有人问，如果我是小主播，选品没有优势怎么办？我的建议是，一定要从名品好价入手，或者找消费者价格敏感度不强的非标品类。通过“好物好价”“宠粉福利”打造自己的个人人设。

要知道，直播电商的导购主播，就是要帮消费者找到某一个问题的解决方案。消费者买衣服，不只为了保暖和漂亮，更重要的是要符合身份、心情、场合的需要。消费者买化妆品，不仅是为了美丽，更是追求身份认同、价值观的匹配。主播的职责就是找到用户心中的诉求点，制造与消费者心中欲望匹配的“稀缺感”，这才是最重要的事情。

【案例】

主播：刚才这个7号链接的围巾，有多少人没有抢到？我跟大家讲，我们这款产品，既然这么多人喜欢，那这样吧，今天直播间里点赞冲到3.5万，我给大家200条。大家一定要刷起来，点赞刷起来。

今天我们家这个“王炸”款的围巾，原价399元的，今天只卖39元。我给大家200条抢。大家手速一定要快啊！

场控：这个是新品，哪有那么多？没有那么多啦。平时，做一个新品，我们也就200~300条，今天这个已经卖了795条了。没有那么多库存了。大家不要听主播的，只有80条可以抢啦。

主播（笑）：我已经说了，不行，今天一定要宠粉福利。直播间里小伙伴们把点赞刷起来，只要点赞冲到 3.5 万，我给大家上 200 条。

场控（也笑）：开玩笑吧？我哪里去给你拿货，厂里也没有这么多。只有 80 条了，只有 80 条。多的，让主播变给你们，让主播变给你们哦……

主播（笑）：来，大家帮我把赞往上冲一冲。点赞，冲到 3.5 万，我今天才硬气，我才能给大家多上一点。

场控：只有 80 条啊！只有 80 条！

主播：80 条太少啦，太少啦！150 条，一定要 150 条。大家帮我把赞冲一冲，我一定向公司要 150 条的福利。

场控：那没有啊，要的话只能 7 天发货，7 天发货。

主播：好，7 天发货，150 条。来，大家拼手速哈，我们家这款新款的王炸围巾只有 150 条，大家拼手速哈！现在直播间里 2 300 多人，大家拼手速。来，5、4、3、2、1，开抢。

场控：没了，没了，没了。

你看，主播卖的产品并非知名品牌，而且价格不敏感，消费者无法判断这条围巾的价格应该是 39 元、59 元还是 79 元。主播很好地制造了稀缺感，第一是新品，款式新；第二是当天销量高，许多人想要；第三是限量，一共就 80 条。通过与场控的呼应，主播制造了“稀缺感”，并且打造了“实力宠粉”这样的主播形象。这就是选品的第一招，“短平快”中的制造短缺品，制造稀缺感。

定价是艺术，更是技术

决定你直播间产品价格的一方，不是厂家的“成本 + 利润”，而是顾客的需求和欲望。

价格，是一个神奇的东西。顾客并不知道产品是否便宜，他们要的是占便宜的感觉。当看到减价、优惠、折扣、促销、包邮、免费、赠送、0 元这些词的时候，作为顾客，我们往往会情不自禁地点击关注。一旦触动了欲望的多巴胺按钮，就是一种难敌的诱惑。

“定价”是一项艺术，更是一项技术。直播间里，一个产品要让人觉得“值得买、愿意买、马上买”，价格是最重要的触发键。调价，往往就扮演了关键一击的角色，在消费者毫无预期的情况下，“价格”能一举击溃人们的理性防线。在畅销书《魔鬼经济学》和《怪诞行为学》等众多行为经济学的著作里，有许多这样的研究案例。从心理学角度而言，我认为最主要的有以下三点，可以应用在直播间：

- 损失规避；
- 价格锚点；
- 交易效用。

首先是“损失规避”，我们先举一个例子。假设有一种传染病爆发，预计将造成 600 万人死亡。现在有两种药可供选择，第一种药将会有 200 万人得救；第二种药有 1/3 的机会这 600 万人全部免疫得救，而 2/3 的状况是无人幸免，全部死亡。

如果你是疾控中心的负责人，会选择哪一个方案？这一项心理学测试显示，70% 的受测者选择前者，30% 的人选择后者。但显然，这两个方案是一回事，但更多人在仓促中选择了“规避损失”。

“规避损失”这个心理缺陷，是诺贝尔经济学奖得主丹尼尔·卡尼曼发现的。他解释说，当人们在时间紧迫、又有不确定性的情况下，会跟着感觉走。人类天然地厌恶损失，所以在做决策时，害怕损失的心理会强烈地大于想要收获预期收益的心理。也就是说，失去的坏感觉要比得到的好感觉强烈得多。

有一次，我在杨坤直播间里看到他和酒仙网拉飞哥一起表现了以下一幕：

【案例】

拉飞哥：剑南春，是新八大名酒之一。我们说高端白酒的代名词“茅五剑”，就是茅台、五粮液、剑南春。相比于另外两款酒来讲，剑南春的性价比很高。它的知名度很高，但是价格不高。

杨坤：52 度，浓香型白酒，古法酿造、优选的粮食、绵甜干爽、回香悠长。

拉飞哥：对，对，对！

杨坤：原价 458 元，今天直播价……（停顿）

杨坤和拉飞哥一起喊：今天直播价，418 元。上链接！

（杨坤此时伸手从桌边拿起另外两小瓶酒。）随口说道：今天直播间，再送……

他犹豫了一下，看了一眼飞：送2个，还是1个？是送2个吧？

拉飞哥忙说：1个、1个，只能送1个。

杨坤笑了：呵呵，真只送1个吗？

拉飞哥急了：咱说好了，只送1个的啊！

杨坤：哎，我觉得我都拿出来了，咱就送2个不就完了吗？

拉飞哥：这没办法，这链接都上了。

杨坤：是吗？那就……

他对拉飞哥一瞪眼又说：送还是不送？我都说出来了。

直播间里场控、助播、助理们“送、送、送”的喊声一片。

拉飞哥：哎，又是我做坏人了，兄弟们。

杨坤：送俩！送俩！送俩！

直播间的一众人喊：送！送！送！

拉飞哥：好，这款酒其实也是好酒。二两一个，也是我们剑南春厂的酒，纯粮食酒。现在，买一斤，送四两。买一瓶大的，送2瓶小的。

杨坤：差不多相当于买一瓶，再送半瓶。

拉飞哥：对！来，500瓶上架。

杨坤：马上快到中秋节了，大家可以拿这酒送人……

“拿都拿出来了，怎么还能收回去？”“刚刚说好了，送 2 个，怎么能是 1 个？”“今天说急了，才有这样的优惠。”你在听到他们说话的那一瞬间，想到的是不是这些？飞与坤恰到好处地一唱一和，特别是有可能送出 2 瓶，也有可能只送 1 瓶，给人一种走过路过不能错过的感觉，这就抓住了人们“规避损失”的心理，让人觉得这东西真划算，买买买吧。

再看一个例子来说明“价格锚点”。如果要卖两款净水器，一款价格 1 299 元，另外一款 2 999 元，这个时候，你会选择哪一款？对，大家会比较犹豫。但是，如果你再加入一款 5 399 元的净水器呢？这时候，你会发现 2 999 元的好卖多了。

我们来看一段直播间的话术。

【案例】

主播：这个扫地机器人，实体店销售价 5 800 元，天猫“双十一”的价格是 3 999 元。最近有一个千万级别的主播卖过，价格是 3 599 元。但是，今天在我的直播间，它不卖 4 999 元，也不卖 3 999 元，还不卖 3 599 元，它今天只买 2 999 元。

另外，我们还送一支电动牙刷，配 3 只刷头。这个电动牙刷充一次电，用半年。

这就是价格锚点战术。找到一个高点，然后层层跌价。进而买一个，再送一堆。让顾客感觉，赚了！又赚了！这下赚大了！消费者的多巴胺按钮就此打开，买、买、买，一发不可收。

最后，再来看看“交易效用”法则。在《怪诞行为学》中有这样一个案例：一个炎炎夏日，你在海边游泳后在沙滩上休息，感觉有点儿口渴，想喝一杯冰镇可口可乐。这时正好有同伴要去买东西。这附近只有一个地方可以买到可乐——一家高档的五星级度假酒店。

请问，你愿意花多少钱请朋友代为购买？如果高于你说出的能承受的最高价格，他就不帮你买了。你愿意最高出 5 元？ 10 元？ 15 元？ 20 元？ 25 元？ 30 元？

假设，附近可以帮你买到可乐的地方不是五星级酒店，而是一家又破又小的杂货店。你愿意出 5 元？ 10 元？ 15 元？ 20 元？ 25 元？

调查结果显示，如果可乐在五星级酒店购买，多数人愿意付更多的钱，以高于杂货店里的价格购买。在五星级酒店花 25 元买一听可口可乐，是你意料之中也是在可接受的范围内。而在杂货铺卖到 25 元这个价格，你可能就会勃然大怒。这就是交易效用。人们会在交易效用的正负之间，产生美好或者糟糕的购物体验。

还是用刚才的可口可乐举例，假设你最多愿意花 10 元在杂货店买可乐，而在酒店里你愿意花 25 元，你的朋友回来后告诉你，找不到杂货店，只能在五星级酒店帮你买了可乐，但讨价还价后也只花了 10 元。你会不会觉得这笔交易很划算？

购买环境等这些看似无关的因素，常常影响我们的决策。所以，许多主播要在自己的直播间制造消费场景。这样，才能让顾客的交易效用更高。你去看一些优秀主播的直播间，是不是搭建得要比一些普通直播间看上去专业和豪华很多。

抖音带货女王朱瓜瓜在2020年异军突起，粉丝量、销售额节节攀升。她经常去企业里做专场直播，卡姿兰、玛丽黛佳、百雀羚、完美日记、欧莱雅、薇诺娜、雅漾、良品铺子……一众知名品牌她都去过。每次预告视频，她都会有一则内容说：今晚，我们要把××品牌卖空！

真的能卖空吗？能！真的能把某些商品卖断货。

在企业的主场，当消费者看到主播与品牌方互动，看到主播为了宠粉而讨价还价，特别是品牌方的老客户，对于产品价格会非常了解，他们看到品牌方拿出的福利优惠，一定会在直播间里惊呼便宜。除此之外，还带动了新客户认知了品牌，大家都会一起加速下手买买买。

有人问，顶级主播们还这么在意最低价？对，就因为“交易效用”原则。构建场景，产生真实、美好的购物体验。主播去品牌企业做专场，坚持“好物低价宠粉”，目的就是为了让粉丝产生持续良好的交易效用。主播的角色是一个超级导购，他的职责就是给粉丝介绍便宜好货，为粉丝说话，赢得粉丝的信任，进而促成交易。

构建交易场景，形成交易效用，并且能够把价格维持在相对最优，这样主播的粉丝获得的价值感也会提升，他们也就愿意不断地、持续地来到这位主播的直播间。这样互相成就、互相驯养，主播的人气也就越来越高。

最后小结，直播价格一定要做“平价品”，做消费者能够感知到的“平价品”。这里要用好心理学的三招原则“规避损失”“价格锚点”“交易效用”，让人感觉价格始终平价、划算。这样，你的粉丝才会源源不断，销量也会蒸蒸日上。

选品：耐用品 VS. 快消品

是什么货品都能在直播间里卖吗？

不是！不是什么产品在直播间都能热销的。虽然薇娅曾经卖过火箭！但这更多的是炒作热点话题。听着高大上，但天下能有几人买呢？在直播间，最不适合做“要么不开张，开张吃三年”的生意。连续几个月喝西北风，直播带货没有销量，那无论是谁都难以坚持下去。

嘉御基金创始人卫哲做投资，把消费品赛道划分为四个象限：绝对耐用品、绝对快消品、相对耐用品、相对快消品。

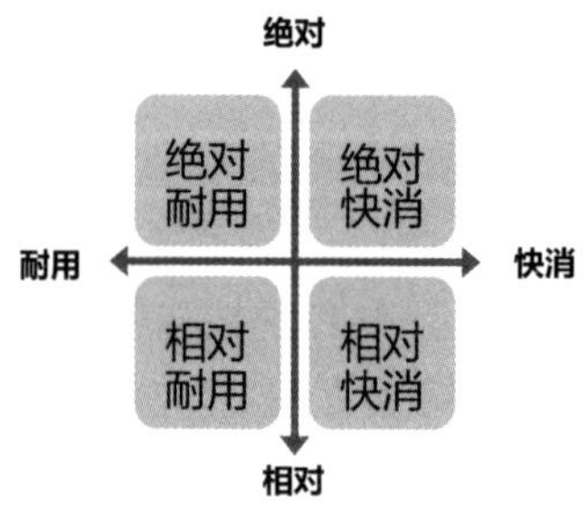

图 3-1 消费品赛道分类四象限

- 绝对耐用品，指复购率低的耐用品，客单价也较高。比如电视机、洗衣机、空调、汽车、家具、建材，买一次至少用 5~6 年。
- 绝对快消品，几乎天天会购买的产品。比如饮料、面包、茶、咖啡、洗护用品，毕竟天天要喝水、天天要洗护。购买频次、使用频次高。
- 相对耐用品，可以用 1~2 年的产品，比如手机、电动牙刷、电动剃须刀、家居用品、首饰、手表、包包这些品类。
- 相对快消品，每周或每月会花几十元、上百元购买的产品，比如鸭脖，你不会天天吃、天天买，但是隔一两周会买一次。还有酒、服装、鞋帽都属于这一类产品。

卫哲说，在投资时他们不投绝对耐用品。因为这类产品生产试错成本高。他们投资时，只投相对耐用品和相对快消品。因为，这些产品在消费升级的大环境下，都可以做到低成本试错。

我们拿投资理论对应到直播间，同样要考虑到用户的复购频次和用户的试错成本。

不同的产品有其不同的使用频次，也有不同的复购率。用户前几天刚刚买了一个电磁炉或者扫地机器人，那么近期内他就不会再考虑购买。用户不久前买了床上用品，现在他也不太会再出手下单。另外，消费者在购买直播产品的时候，是不是也有试错成本？哪怕你的货品可以退，对于他而言，还会负担退换货的时间成本。人都是怕麻烦的动物，所以直播间选品时，我们站在消费者的角度考虑，也应该降低客户的试错成本。

直播间的商品要以绝对快消品和相对快消品为主，相对耐用品为辅，绝对耐用品基本不碰。除非你是薇娅、李佳琦这样的超级头部主播。偶一为之，目的是为了制造话题，制造新奇感，打造知名度。而且，在做这类产品的销售时，要做好预告，在私域流量池内告知用户。

我们现在到微信公众号薇娅惊喜社，查看一场直播的产品清单。看了这个，就明白选品该选具备哪些属性的商品了。

表 3-1　薇娅直播间选品清单示例

	品名	卖点	属性
1	冰激凌蜜薯	软糯香甜，低脂、无油、高饱腹感	相对快消品
2	原味酸奶	口感醇厚，蛋白质含量更高，饱腹感更强	绝对快消品
3	牛皮革小脏鞋	百搭好看，内增高 3 厘米	相对快消品
4	圆领针织衫	超模联名款，超级好搭	相对快消品
5	牛奶片	新西兰进口奶粉，浓缩 5 倍牛奶的蛋白和钙，营养又好吃	相对快消品
6	抗氧眼部精华	5% 精纯维生素 C、1% 根皮素和 0.5% 阿魏酸，帮助眼部肌肤抗氧化	绝对快消品
7	双肩带背包	来自纽约小众包包品牌	相对耐用品
8	芝士吐司	高颜值网红吐司，有嚼劲不粘牙	绝对快消品
9	茄子酱	入口酣畅过瘾，酸辣口味	相对快消品
10	A 醇面部精华	清爽不油腻，抚平细纹，细嫩皮肤	绝对快消品
11	青花椒辣卤汁	清香开胃、冷泡入味、清爽麻辣	相对快消品
12	酸辣粉 6 桶装	口感 Q 弹，秘制酱料包	相对快消品

续表

	品名	卖点	属性
13	低帮帆布鞋	三色可选，少女心刺绣	相对快消品
14	发际线绒绒笔	味道香香，刷出绒绒的发际线	绝对快消品
15	高性能鼠标	延时少，敏感度高，玻璃表面、沙发、床上都能用	相对耐用品
16	高领套衫	名模联名款，各种身材都能穿，遮肉一绝	相对快消品
17	双面皮托特包	可以斜挎，也可以单肩背，一线大牌代工厂原厂皮料	相对耐用品
18	无糖茶饮料	清爽有回甘，不怕喝胖	绝对快消品
19	MINI 化妆镜	高清镜面，人不变形，95% 还原阳光	相对耐用品
20	针织衫	明星同款系列	相对快消品
21	电动牙刷	为敏感口腔定制的超软毛概念牙刷	相对耐用品
22	煎烤炒菜肠	精选猪腱肉，肉块和肉粒黄金比例搭配	相对快消品
23	羊毛领外套	百变风格，可盐可甜，衣身夹棉，冬天暖和	相对快消品
24	多效修复面膜	敏感肌肤都能安心使用，加速屏障修护	绝对快消品
25	定妆喷雾	快速成膜，保湿控油	绝对快消品
26	牛仔外套	又酷又甜，IP 联名款	相对快消品
27	靓白水乳三件套	乳液清透，能抵御紫外线对皮肤的伤害	绝对快消品
28	儿童羊毛毛衣	超细绵羊毛，暖和又舒服	相对快消品
29	唯美雪花项链	雪花造型吊坠别致，可以在秋冬季节做毛衣链	相对耐用品
30	C 霜	专业医学护肤品牌，针对换季泛红、干燥起皮等肌肤受损问题	绝对快消品

这是薇娅直播间某个日常直播的一张选品清单，我只是把品牌名做了隐藏。在这一场直播的 30 个单品中，10 款是属于绝对快消品（占比 33%），14 款是相对快消品（占比 47%），6 款是相对耐用品（20%），没有绝对耐用品。快消品和耐用品的配比是 8 比 2，所以我们看到这是一份品类配比非常好的直播选品清单。

在直播选品的时候，绝对耐用品不是不播，而是非常少。主要的选品还是以绝对快消品和相对快消品为主，配以 2~3 成比例的相对耐用品。之所以这样选品，是因为直播获得的流量都是有成本的，快消品因其高频使用率，所以击中消费者需求的概率高，而耐用品的命中概率要低很多。同样的流量成本，为了提高销售转化率，直播选品自然是选择命中率高的产品类目。

曾经，有企业老板问我：

汽车能直播销售吗？

房子能直播销售吗？

电影票、图书能直播销售吗？

还有，什么样的产品不适合直播电商？

我统一回答：看成本！

任何生意都是有成本的，选品就要看成本。同样的流量到了直播间，最后的转化率是怎样的？我并不反对在直播间里卖房、卖车、卖家居建材，但是最终测算的是获客成本。

如果计算得出所获得的品牌推广的价值高于推广的成本，直播就值得干。反之，如果成本高于推广的价值，无法达成高效转化和后续复购，这事就不能砸钱或者只能少砸钱。

绝对耐用品、绝对快消品、相对耐用品、相对快消品，给我们提供了一个思考的维度，每一个企业都可以根据自己所在的行业、产品的品类，从销售、推广、服务的综合 ROI（投入产出比）角度来计算自己的企业应该如何应用好直播电商这个工具。

当然，我更建议在你的直播间里售卖“快消品”，也就是“短平快”中的“快”字诀。因为，命中率更高，可以直接抵消流量成本。

让你的对手无法追赶

直播电商，是一场各个品牌竞争消费者时间的零和博弈。

之所以说这是“零和博弈”，是因为在这个争夺消费者时间的战场上，只有一个赢家。因为，同一时间，消费者只能停留在一个主播的直播间里。它不像货架电商，消费者可以刷这里、点那里，在比较后做出选择；也不像短视频带货，消费者被内容吸引后下单。直播，就是某一个时段、某一位主播锁定了目标消费者的注意力，而后产生销售转化。错过了，没看见，没有播，自然不会刺激客户产生消费的冲动。所以锁定消费者的注意力和时间，就在竞争中变得尤为重要。选品、定位是锁住消费者认知的关键一环，在这一环节要形成对手无法超越的“高门槛”。

“竞争战略之父”迈克尔·波特在其著作《竞争战略》中提出

了三种卓有成效的竞争战略：总成本领先、差异化战略和集中战略。他认为，所有企业都应该制定相关战略。否则，企业就会在市场竞争中处于不利地位。没有形成竞争战略的企业，注定是低利润的。根据波特教授的模型，我们在考虑直播间选品的时候，可以同样考虑以下这三点，来建立起竞争对手无法超越的高门槛，以抢占消费者心智：

- 总成本领先的供应链；
- 差异化匹配的产品；
- 独特价值点的选品。

1. 总成本领先的供应链

“起势在流量，决胜供应链。”电商能否成功的决定性因素，除了流量，还有供应链。有一天，某知名大主播的运营到我们公司交流，他说他们公司加入了薇娅的“超级供应链”。

凭借着多年淘宝一姐的影响力，薇娅已将自己的直播能力变成供应链整合的实力。她的超级带货能力，常常能够把一个新品带成爆品。所以，她所在的公司在与品牌方的谈判中就有非常强的议价能力，拿货价格就非常有优势。而且，整个公司选品能力极强，产品往往经过团队几轮筛选，最终送到她手中终选，保证是名品，且价格为三个月内最低。这样的货源优势，中腰部主播望尘莫及。

因此，薇娅将供应链变成了可输出的资源，与淘系内的多家知名主播联手带货，加入的主播也同样获得了优质、高性价比的货品赋能。积沙成塔，薇娅有了更强的议价能力。而薇娅所在的谦寻公司，一条高品质、高效率、低成本的超级供应链自此形成。

一端大流量、另一端供应链，高效率、低成本对接供需双方。这样，谦寻公司的选品竞争力就大大地强于其他的竞争对手。赢，就成为大概率事件。

如此这样打造供应链的公司，还有很多。前不久，我去了快手知名主播某某哥在广州的一个直播基地。这个基地在广州白云区。园区占地 5 万多平方米，其中的一栋主楼有员工办公区、产品展厅、直播间。里面有专门一层是培训基地，培训主播、运营、选品等岗位，专业孵化直播所需的各岗位人才。

在园区主街的一层街面房，开了不少品牌的独立门店。接待我的运营同事告诉我，主播除了在展厅里选品，在这些门店里也可以选择样品。

他指着旁边的一栋附楼对我说："这里有 600 多套客房，提供给签约主播免费住宿。当然，他们也可以直接在客房里面直播。"

我惊叹："600 多个直播间？这么多数量的直播账号矩阵啊？"

从人才培养、供应链赋能、直播专业支持等方面入手，团队打造了一条直播产业链。

2. 差异化匹配的产品

问你一个问题，抖音一哥罗永浩能够卖掉多少支口红？

肯定很多人会说，罗永浩一个老爷们儿怎么可能卖得了口红呢？凭什么？

其实，原来我也不信！但是有一天，我进了老罗的直播间，没想到老罗正在卖口红：

【案例】

老罗：来，接下来我们上一下美妆产品。有请我的同事。

助理：嗯，今天我们直播间带来一款口红产品，这是很多女生都知道的MAC子弹头口红。这款口红有很多经典色号，今天我们来介绍一下这个色。

（此时的老罗再也不抢风头，由女助理在那里介绍产品的价值。）

助理：这个MAC口红，是很多女生的最爱哦，很多男生不知道自己该买什么口红送给自己的女朋友，你买MAC一定不会错。今天这个是爆款色，是土棕红色，它棕色和红色的比例调得刚刚好，在线下专柜还经常断货。这质地，对唇部有非常好的滋润。

哇！实在太美了。这个简直太气质太温柔了。非常适合皮肤白的女生。你看这个色。

助理：非常合适的！大家要抓紧，这个是一不小心就会断货的色号。真的快抢光了。我其实非常建议男生送给女朋友。

老罗：大家点屏幕下方的橙色购物袋，点进去就可以购买了。

助理：平时这款产品是169元，今天在我们直播间补贴是159元。拍一发三，还加送……大家抓紧！

没一会儿，她就在问场控：抢光了吗？还能加货吗？

老罗的直播间平时以卖 3C 数码产品和食品为主，今天他居然开始带货口红。他能卖掉口红吗？如果是他本人，我们只能看着笑一笑了。但是，老罗请来了他的助理，女助理最具杀伤力的一句话是：我其实非常建议男生买这个，送给女朋友。

老罗直播间里的大多数人是属于钢铁直男类型，对于口红很多人是一窍不通。那怎么才能让男生买口红呢？不是所有的口红都是女生自己买给自己的。男生送女生，有何不可？关键是要有品牌背书。让男生知道，这个是大牌，这个是买了不会错的色号，这个是女生一定会喜欢的东西。

老罗把差异化匹配原则用到了极致。既然自己直播间里的观众大都是男生，不怎么会用化妆品，那么就让他们买口红给自己的心上人吧！

3. 独特价值点的选品

在直播中，我们还要善于突出产品的独特价值点。

所谓独特价值点，也就是你能否挖掘出产品的巨大说服力。著名的 M&M 巧克力，就有它独特的销售价值点主张。那一句著名的广告语“只溶在口，不溶在手”，把产品有糖衣所以不容易溶化这个卖点非常鲜明地突出了。所以，用户们都记住了它，特别是家长们。每次小孩吃巧克力，特别容易把衣服弄脏，而吃 M&M 不容易弄脏衣服，所以家长们也更愿意买这个品牌的巧克力。

我们来看看薇娅，是怎样来突出产品独特的价值点，给一支眉笔带货的。

【案例】

薇娅：这个是 colorkey 的，一头是刷子，一头是眉笔。

你知道吗？它这个眉笔里加了何首乌，加了一个对眉毛滋养的（东西）。你可以根据你眉毛的形状，一根根地把前面画完之后，然后再把眉尾的地方定形，接下来填色，包括中间眉毛空隙的地方。

然后，眉峰大概在你的眼角，后眼白的地方往上一点点，先把你的眉峰固定住，然后，眉头的话，你可以画几根假的。这样就能画出根根分明的野生眉。

你看，当薇娅说起这个眉笔里含有对眉毛有滋养的何首乌的时候，它会打动多少女生的心？中国人大多相信中医，也相信何首乌有乌发乌眉的作用。如果你是需要画眉的女生，是不是会考虑买一支这样的眉笔呢？

薇娅不仅说了这款产品的卖点，还亲自上妆，并且手把手地教大家怎么用眉笔化妆。在这样的解说之下，小姐姐们感觉到这应该是一款非常好用的眉笔，会不会去试一下呢？

做主播，一定要在垂直领域中，建立对手无法赶超的“撒手锏”。唯此，才能让你的对手无法在这场用户的时间争夺战中超过你。总成本领先的供应链、差异化匹配的产品、独特价值点的选品，作为主播的你学会了吗？

瞄准一个大靶子

陈赫开直播了，我们来看一下他的直播间。这一场是由他的搭档朱桢主持，与几位助理一起在推荐一款冲锋衣。

【案例】

朱桢：这是一款冲锋衣。来，你过来介绍一下，女孩子怎么选？

（女助理 1 入镜。）

助理 1：我讲一下，我是 1.63 米，然后 100 斤不到差一点儿。我穿的 L 码。它还挺大的。所以，我里面应该还可以套很多衣服，蛮宽松的。

朱桢：首先一点哦，细节一定要让大家看一下。

（朱桢站到女助理身边，抬起她的手，然后在衣服袖口处拉开袖扣。）

朱桢：冲锋衣这边，一般都要具备在你的手这一处是可以收口的。就是，你可以调节你整个的手部。

助理 1：你看，这一扣紧，手都变美了。

她又继续说：主要是除了这个，我们还有黑科技。

（接着，她从衣服的左上内侧拉开拉链，掏出一根白色吸管。）

助理 1：在这拉链里面有一个暗扣，从这里你可以拿出一根透明的吸管。这根吸管怎么用的呢？我们来看一下。

（她拿起吸管的一头，开始吹起来。）

朱桢：你，这是什么行为艺术？哦，各位哦，注意看！哦哟，你看它后面发生变化了。大家一起来看一下后面。

（此时，女助理的冲锋衣在帽子和衣服连接处，开始鼓了起来。因为女生长发，她又拨开了一下长发让大家看得更清楚。）

助理1：来，我把衣服拉链拉起来给大家看一下。

（她把这个外套衣服拉链拉好。）

朱桢：各位哦，我把它的秘密告诉大家一下。如果你出差坐高铁、坐飞机。有些时候还要多带一样东西。那就是，护枕。

助理1：我坐一下吧！

朱桢：你坐，你坐。

（她坐下来，进一步演示。）

助理1：这个其实可以当枕靠，当我靠下来的时候，它这里其实可以非常完美地把我这个脖子凹下去的地方填充得非常好。而且，它填充空气的厚度，是可以根据你自己吹气的量来调节的。

朱桢：你往里吹多少，它就高多少。

助理1：对！来，我们放气。

朱桢：唉，是哦！等到下车的时候，我们就可以用这个放气。一拉，然后脖子往后一压，你看，唉，对的。

（女助理1演示了一遍。）

助理1：它这个，一下子就下去了。

朱桢：来，我们再来看这一边。

（说着，他拉过来旁边站着的另一位男助理，一边让他入座，一边开始演示。早已穿戴好的男助理坐下，戴上了冲锋衣的帽子。

朱桢伸手到他头顶帽檐处，突然一拉，帽檐上垂下一个连体的眼罩。）

助理1：哇哦！

朱桢：怎么样？一下子有点儿刺客的感觉吧？你瞬间就可以与世隔绝。这样，你可以给自己一方安静的空间。我觉得很多艺人可以买一件。出去的时候可以挡一张脸，下面再戴一个口罩，哈哈哈，整个人就全部包上了。大家可以看，这件衣服，又可以充气当靠枕，这边又自带一个眼罩。这些小细节、小心思的设计啊，非常好。

助理1：我看到这边很多小伙伴在问颜色，这里有……

（他们继续开始演示，换上不同颜色、尺码的同款。互动中，解答用户关于颜色、尺码的问题。有不少用户在屏幕下方问主持人的身高、体重，自己该穿什么尺码，他们的团队一一答复。）

助理1：你要注意，机洗的时候，要把管子放在暗扣里面。然后，把拉链拉起来。

朱桢：有人问，豆绿色可以试一下吗？

助理1：我现在这一件就是豆绿色。

（此时，另外一个女助理入镜，坐在桌前。）

助理2：刚刚加库存喽！朋友们，大家还有什么问题啊？前面，大家呼唤的雪花酥，秒杀已经结束喽！这件衣服，大家也抓紧去小黄车哦。

朱桢：对，对，对！聊这么久了，还有什么其他的？

（他也顺势坐下，准备播下一个单品。）

镜头外的助理 1：有人刚刚在问，我们 26 号链接的饼干，三种味道混合是什么味道？

助理 2：哦，是原味、抹茶和咖啡味的。三拼的，非常好吃。是 78 元到手 2 盒，再送一袋蜂蜜海盐芝士曲奇。

（朱桢和助理两个人后方的直播间背景墙上打出了饼干的图片以及价格。上面还写着：曲奇饼干日常价 59 元 / 盒，直播间拍两盒价格 78 元，买就送蜂蜜海盐芝士曲奇。）

朱桢：对对，大家快去拍。

镜头外助理 1：大家一定要去抓紧下单，我们来抽一波奖吧？

助理 2 笑起来：啊？又抽吃的，怕我们饿着是吧？

朱桢：呀呀呀，各位！大家一起来看一下哦，今天直播间里，这场专场好多脆脆的东西。这个脆锅巴……

助理 2 插话：6.9 元，四包。

朱桢：真是看不懂的价格，6.9 元四包。这牛皮纸袋打开，里面肉眼可见的丰富。而且非常脆，真的是好吃。

助理 2：而且，它有两个口味哈！烧烤和甜辣。两个味道都比较回甘。它属于襄阳的地方零食，名小吃。特别好吃！

朱桢：对，嗯（已经吃得满嘴锅巴），对，好吃。唉，我们接下来准备抽出 1 888 元的大礼包，大家可以把今天在直播间里买了什么在公屏上打出来啊！我们准备抽奖了。我们在这里要谢谢大家。

助理 2：嗯，这个锅巴真的是太好吃了。大家赶紧去拍。然后，今天买到了什么，在公屏上打出来。我们接下来在买过的朋友们里面抽奖哈！

朱桢：嗯！这个锅巴，我也是从小吃到大。这个价格，原来12.9元，现在6.9元，相当于对折。四包6.9元，我觉得，得多囤一点儿。

助理2：是，得多囤一点儿。喜欢吃的朋友，得多囤点儿货。囤8包或者16包。

朱桢：对对对，感谢大家的支持。我们看一下，接下来我们准备抽奖，送出1 888元红包。来，看一下。

助理1：大家打公屏上，买了才能抽奖哦，朋友们要把买了什么打在公屏上。

这天在陈赫直播间，卖出了服装、美妆、零食、小家电等各式产品。我查了一下陈赫在2020年8月的战绩，销售额5 400万元，在主播榜中位列37名，重新冲入淘宝、抖音、快手主播销量榜的50强。5月16日他第一次直播，销售额达到8 000万元，但之后6月、7月的两场直播仅各为800万元，8月他又重新登上5 400万元的台阶。

我们通过选品，来看一下业绩起伏的原因吧。

首战即巅峰，自然与首秀被重视的程度有关。作为较早在抖音开播的明星，平台会有一定的流量扶持。后续业绩下滑，再反弹高点，这与流量、选品都有关系。6月上架商品26个，7月选品27个，在选品上，7月的多个单品在之前直播中曾推荐过，如小龙虾、螺蛳粉、鸭舌等，还有一款炒锅，但炒锅并不是快消品。

类似的选品，在短时间内推荐两次，自然会影响销量。

我们再来看看 8 月陈赫的“有东西”直播间，他的直播选品水平升级了。就在刚才的案例里，冲锋衣、雪花酥、曲奇、锅巴，这些都是大品类，有较广泛的人群需求。仅看冲锋衣，也是男女同样款式，在有限的时间内，更大范围地击中用户的需求，销量也就自然而然地起来了。

直播间的消费，大多是冲动消费。进直播间的个人，可能原本没有购买想法。只是由于你的推荐，进而产生消费冲动，随后就下单了。所以，在直播间要提高选品的击中概率。

记住：需求靶子足够大，才能提高命中率。这就是“高大悦”中所说的“大”——大需求。唯有大需求，你的销售覆盖面才会更广，直播的转化率才会更高。

如今，是人人悦己

近年来，我们看到一众国货迅速蹿升为网红产品。从李宁的回归潮牌，到波司登的涅槃重生，再到花西子、完美日记、元气森林、王饱饱、泡泡玛特的异军突起，人们突然发现一场“新国货”运动正在悄然兴起。在消费品赛道上，许多洋品牌正在失去对年轻人的吸引力。

我们发现，年轻人不再是宝洁的忠实用户，海飞丝、飘柔、清扬已经不是他们唯一的选择。有些年轻人虽然与父母住在一起，但是自己买洗发水，他们会选择一些小众国货品牌；有些搬出去独居的年轻人，买洗衣液也不再是奥妙、碧浪、立白，在他们的选项清单里，是你可能根本叫不上名字的品牌。

无论在淘宝、抖音还是快手的直播间，或是线上线下的其他消费场景，90后、95后、00后的年轻人正在成为新消费的主力军。最早的90后已经30岁了，开始成家立业，最大的95后也已经25岁了，00后也有人走入职场，他们早已有了自己的消费价值主张。

90后、00后逐渐成为消费主力，特别是他们更能接受直播电商的方式。那么，怎么去找与他们相匹配的品牌呢？我们看到的是新国货的崛起，是货品的变化，而直播这个“场”，也带来了营销渠道的新变化。本质上，一定是人群的消费偏好变化推动了货品的变化，人群的行为偏好变化推动了场的变化。阿里巴巴所称的“人、货、场”，我们要先研究“人”，再研究“货”，更要考虑在直播这个“场”里，如何更好地匹配人的需求。

90后是怎样的人群呢？举一个例子，同样是彩妆，85后、90后、95后同样当孕期妈妈，80后或者85后一怀孕可能就不化妆了，而95后怀了孕照样化妆。为什么？

悦己！自己开心就好。

90后、95后天生就是小康一代，天生就是移动互联网的原住民，没有贫穷的记忆，没有劣质国货的记忆。手机，几乎是他们的一个新器官。他们更愿意探索新奇的事物，对于产品，有趣比有用重要，好玩比好用重要。泡泡玛特，一个玩偶，只要我喜欢就会收入囊中。元气森林、拉面说的名字虽然日系，但实际上是有口皆碑的国货，只要我喜欢，一样买买买；钟薛高，虽然价格小贵，但是够潮，我就爱吃。

正所谓，“千金难买我愿意”。

所以当李佳琦们在直播间喊道“好好看呐”“买它！买它！买它”，只要这款产品的颜值够、有卖点，小伙伴们就会勇于尝试。

我们来看看李佳琦在直播间是如何推荐一款香水的。

【案例】

李佳琦：帕尔玛蓝色地中海，情人节的一个限量版的包装。（包装上面有三句话：风拥抱无花果叶，海拥抱每一粒细沙，请问你能拥抱我吗？）

在一旁的女助理听了，一边哈哈大笑一边说：我可以！

李佳琦：下一句话啊！你的微笑，像海风穿越树林，吹入我心底。

助理笑得前仰后合，说道：整个不行了。

李佳琦：还有一句啊，比女神桂冠更珍贵的，是我心上的你。Oh my God！你买不买？

助理仍在笑：我现在掏钱！

李佳琦：加州桂和桃金娘来了！清新夏日里的一种浪漫感、活力感，干净的感觉。所有女生，加州桂和桃金娘，买它！

你看，卖香水，用几句话就撩拨到人的心里了。直播间里的买买买，刹不住车。

价格贵吗?

都说了，这是情人节的限量版，你不买就抢光了！那还说啥？抢啊，手慢无!

好玩比好用更重要。今天的消费者，性价比高的产品，我未必去买，只有能够打动我心的产品，我才会去买。实用，仅仅就是实用，是无法打动我的。而让我心动的产品，让我愿意去晒图打卡的产品，才是能够让我“悦心”“悦己”的产品。

“悦己”的检验标准是会不会被二次传播。今天，90后的消费者早已习惯了移动互联网的生活，大都愿意在网络上表达意见。如果，你发现一款产品，消费者都是它的推广员，他们愿意将产品晒在朋友圈，这款产品就是“悦己品”。

直播选品，要选消费者的“悦己品”。

“名特优”一条龙

《汉书·高帝纪》中记载:“兵出无名，事故不成。”明朱鼎《玉镜台记》中说:“师出有名，大功可就矣。”意思就是，出兵要有正当理由，否则，事情难以成功。

想要带好货，人、品要有“名”，二者必须占其一，即要么名人带货，要么名品带人。如果人是无名之辈、品为无名之品，那么直播的销量大概率不高。

名，有多重含义，“师出有名”的“名”本意是指理由，而“名”还有名声、名誉、名望的意思。做直播电商，应该“师出有名”，这里的“名”就是指的名声、名望。一个无名望的产品是很难交易的，一个无名望的主播也是很难让人快速产生购买冲动的。

之所以如此，是因为直播是成交的最后一个环节。在用户滑过直播间这么短的时间内，你无法快速赢得信任，失败就已经注定。直播间“兵出无名”，失败就是大概率事件。因为，“名”其实就是信任背书。

直播间里的主播大致分为名人和非名人（观众眼里的新人），直播间售卖的商品，也可以粗略分为知名品牌和非知名品牌（观众眼里的新品）。在直播间里售卖的，往往是特惠的产品。这样，我们可以画出纵轴、横轴两条线，做出一个四象限。我们就会看到在直播间里大致有四种呈现方式：

1. 名人名品特惠；
2. 名人新品特惠；
3. 新人名品特惠；
4. 新人新品特惠。

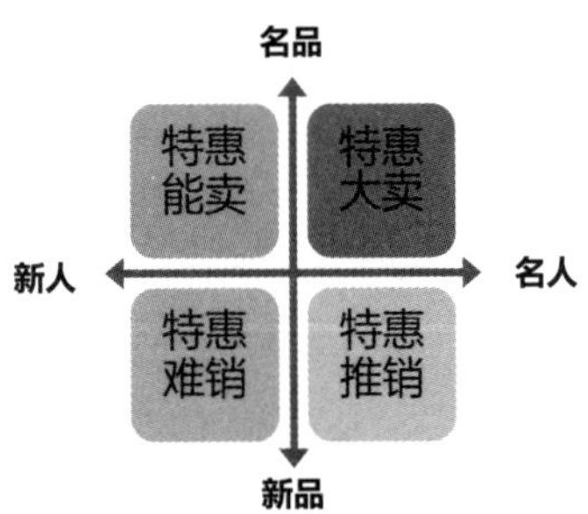

图 3–2　直播间人、货呈现分类

那么，在上述的四类直播中，哪类在直播间销量最好？

毋庸置疑，是名人名品特惠。你想，在薇娅的直播间里一款雅诗兰黛的产品有优惠活动，是不是很多女生会争先恐后地下单？

接下来第二种能卖好的，是名人新品特惠。因为，有名人的赋能加持，新品也就有可能带得动。这就像明星代言一样，名人对新品的推广是有帮助的。当然，至于这款产品能不能卖好，还取决于产品的本身是否有卖点以及与名人主播的人设是否匹配。

再次之，是新人名品特惠。主播是陌生面孔，但是产品是相对有知名度的品牌做特惠。那么，直播间还是会有一定的成交额的。其间的转化率和销售额，取决于新人主播的直播间流量获取能力、主播的专业技巧和销售技能。当然，有人会质疑直播间的货品是真是假，这也考验主播的专业技巧以及让顾客信任的能力。

最难的，销售业绩也必然最差的，是新人新品特惠。新人新品做优惠活动，消费者并不会觉得你的新品是特惠，反而会认为你的产品本来就是廉价的。那么，如果我们的直播间正是“新人新品”，该怎么办呢？办法只有一个：加持。选品要赢得信任，就得让名人加持或者自我加持能够让人信任的背书。

所以，一定要记住，“新品找名人，新人找加持”。只有“师出有名”的加持，才能赢得好的销量。同时在此强调，这里所说的名人，是指在消费者心智中有清晰认知的导购主播，而不是普遍意义上的明星。明星，未必能带好货。

新品怎么打？怎么让它师出有名？我们来看看两年前还默默无闻的彩妆品牌花西子。

【案例】

花西子，当你听到这个名字时会有一种什么感受？“欲把西湖比西子，淡妆浓抹总相宜。”苏东坡的诗，吟唱了近千年，把美丽的西湖比作美人西施，山水入画来，人在画中游。而花西子这个名字，让人们把花、西施以及美人的淡妆浓抹，联想在了一起，有一种东方古韵融入时尚彩妆的味道。

这个2017年才成立的国货彩妆品牌，只用了短短3年，就跻身于时尚彩妆的前列。到2019年，销售额破10亿。“双十一”期间销售额高达2.2亿元，成为当年彩妆品牌中的Top10。要知道，能在雅诗兰黛、迪奥这些海外大牌霸榜的榜单中强势入榜，花西子火力真的很猛。

“产品＋推广”成为花西子在销售过程中最大的亮点。

花西子的产品不仅注重材质，也注重包装。不论它出品的雕花口红、百鸟朝凤眼影还是空气蜜粉，个个都是高颜值。不同于其他国产彩妆品牌几乎都采取跟随国际大牌风格的策略，它自主创新的国潮设计风，让人眼前一亮。比如，杜鹃惊鸿雕花口红，两只杜鹃在花间低语，浮雕栩栩如生。你去小红书上看看，那些被种草的女生们毫无抵抗力，都在大呼：惊艳！惊艳！简直是艺术品。

花西子的推广更是给力。2018年花西子的销售额仅仅4 000万元，到了2019年，销售额就翻了25倍，高达10亿元，数据夸张得惊人。它请来杜鹃、鞠婧祎做明星代言，更是力邀多个平台的达人进行种草，在小红书、抖音、快手等平台请知名主播发布新品开箱测评。更重要的是，它还官宣李佳琦为“首席推荐官”，以口红一哥的号召力，建立信任背书，打造爆款。

张柏芝的一条视频——一支口红画全妆，更是让花西子雕花口红火爆全网，瞬间让这支口红圈粉无数，并创下19小时销售破千万的纪录。

而今，花西子已经跻身头部彩妆品牌。说起国货时尚彩妆，它是不可忽视的存在。这一切，离不开它的自我赋能、名人加持。

李佳琦、张柏芝、杜鹃、鞠婧祎……一众网红和明星，为花西子加持。名人加持加上亮眼的产品，让花西子一路高歌猛进，蹿升为国内彩妆的头部企业。

除了名品，还有特惠、优选。直播间里“名特优”一条龙，销量自然节节攀升。我们来到花西子的淘宝直播间，看看它的主播是怎么做的?

【案例】

我给大家看看这个空气蜜粉，月销量几十万。它不挑肤质，干皮、油皮都可以用它来定妆。什么是空气蜜粉呢？就是定妆粉，用在底妆的最后一步，帮助你控油持妆、防水防汗，还能隐匿你的毛孔，让你的妆容更加干净通透。用了它，你就像开了滤镜一样。它里面是什么呢？它的粉粒直径只有 5.5 ~ 8 微米，市场上大多数的蜜粉直径是 10 ~ 20 微米。所以，你用我们家的蜜粉，更轻薄，更通透，更控油。为什么说更控油？因为它采用的是花瓣吸油粉。你用 7 600 倍的放大镜看，它的粉是花瓣形结构。粉，更立体，可以填满我们毛孔的沟壑。上脸，会有磨皮滤镜的效果。这粉质特点，就是只吸油、不吸水。干皮用，不拔干，油皮用，能控油。

李佳琦最推荐的色，是 3 号色。它也是我自用的颜色，是一个透明的颜色。经典版，我推荐这个 3 号色。如果你皮肤白也可以用 1 号色，它里面有很自然的珠光感，让你的皮肤很仙女。

我这里再推荐一个升级版。一是这个香粉盒外形更有高级感；二是它里面还自带镜子，你外出携带使用就非常方便。粉扑也做了升级，粉扑是带色的，所以你取多少粉都可以看见。还有的升级，是你看不出来的，它里面的成分做了升级。在经典版的成分基础上，额外又增加了玻尿酸，玻尿酸能够保湿，大家都知道。另外，里面还添加了抗氧化的成分。无论居家还是外出，都可以用这个定妆补妆。

现在去购买，还能单品减 10 元。今晚 12 点之后，就没有单品券了，因为明天开始是“双十二”的预热期。所以，你们喜欢单品的话，今天抓紧下单。还有最后 3 个小时，想要单品的，抓紧时间下单。到“双十二”，你只有买得很多，才能有比较大的优惠。如果要单品你今天就要抓紧去买了。

你看这个主播小姐姐单品介绍、价格特惠、推荐优选，“名特优”一口气介绍下来，你如果是她直播间的粉丝，是不是会被她打动，直接在直播间里买买买？

直播间有没有品牌感？

我们来做一个小测试，看一份直播间的带货清单，你知道的品牌有多少个？

表 3-2　李佳琦直播带货清单

序号	品名	是否知晓
1	伊利畅意乳酸菌饮品	
2	知味观镜花水月月饼礼盒	
3	大龙燚菜多多自热火锅	
4	摩可纳（进口）美式黑咖啡	
5	科沁万佳草原牛肉藤椒酱	
6	海牌菁品（韩国进口）鱼肠	
7	科沃斯扫地机器人	
8	野兽派护手霜	
9	维达湿厕纸	
10	MYD 双肩包	
11	九阳即饮机	
12	爱丽思抽屉收纳箱	
13	多芬海盐头皮磨砂膏	
14	芙芙痘痘贴	
15	韩束金刚侠面膜	
16	修丽可 CE+RBE 组合	

续表

序号	品名	是否知晓
17	赫丽尔斯洁颜蜜	
18	完美日记羽缎粉饼	
19	花洛莉亚唇膏笔	
20	露得清 A 醇晚霜	
21	艾杜纱睫毛膏	

（摘自公众号李佳琦 Austin，2020 年 9 月 19 日）

以上，你熟悉的品牌有几个？

这是李佳琦直播间里一份日常带货清单。相信很多人都知道伊利畅意、知味观、大龙燚、摩可纳、野兽派、维达、九阳、多芬、韩束、完美日记、露得清等十来个品牌。其他如海牌菁品、科沃斯、修丽可、赫丽尔斯等，大多数人也略有耳闻。我们看到，强如李佳琦这样的超级头部主播，他直播间里的货品也是 50%~60% 为知名品牌，20% 左右为较为知名品牌，只有 20% 左右为非知名品牌。

无独有偶，我们再来看一份罗永浩直播间的直播货品清单：

表 3–3　罗永浩直播带货清单

序号	品名	是否知晓
1	宜宾五粮液股份有限公司出品圣酒 4 瓶礼盒装	
2	SK–Ⅱ洁面乳 120ml	
3	海底捞火锅底料礼盒	
4	全兴 52 度白酒 500ml	
5	JBL 音乐脉动三代便携式蓝牙音箱	
6	APPLE AirPods Pro 耳机	

续表

序号	品名	是否知晓
7	马爹利 40 度蓝带干邑白兰地 350ml	
8	LA MER 精华面霜 60ml	
9	雅诗兰黛修护精华露 50ml	
10	好丽友经典派礼盒 36 枚装	
11	LG 香水沐浴露液 500ml 两瓶装	
12	德州扒鸡原汁童子鸡 550g	
13	迪奥小姐花漾淡香氛 50ml	
14	肌肤之钥长管隔离霜 37ml	
15	美的空气炸锅 KZ30E3L	
16	沱牌陈酿 52 度 500ml	
17	铁功基冲泡全家桶 7 盒装	
18	澳洲红酒天鹅庄西拉干红 750ml	
19	倩碧透明黄油 125ml	
20	雅诗兰黛持妆粉底液 30ml	
21	大马碧富咸味柠檬薄荷糖 1 盒	
22	Elmex 专效抗敏牙膏 75ml	
23	圣罗兰细管轻雾口红 #107	
24	有你一面葱油拌面 118g×8 袋	
25	亲亲鲜虾片 80g×8 包	
26	味 BACK 海苔卷卷虾 30g×4 袋	
27	茵芙莎流金岁月凝润美肤水 200ml	
28	好丽友果滋果姿 20 软糖 400g	
29	棉卫仕绵柔巾 60 抽 3 包	
30	小野锤标 圆领卫衣	
31	马泰克小苏打香水洗衣液 28 斤	
32	姿森时尚方型眼镜框	

续表

序号	品名	是否知晓
33	原森太乌檀木整木防霉菜板	
34	三维猫胶囊电动牙刷	
35	美的拉蒜器	
36	金稻直发梳 KD380	
37	ANKER 安克二合一超级充 A1621	
38	霍尼韦尔空气净化器	
39	绝世地道肠黑椒味 + 原味 4 袋	
40	小鹿蓝蓝奇亚籽蔬菜饼干 80g×6 盒	
41	乐锦记魔方生吐司 2 000g	

（摘自公众号罗永浩，2020 年 10 月 4 日）

以上，你熟悉的品牌有几个？占比是多少？我所熟悉的品牌大概达到 80%。除了个别几个食品以及小电器品牌，其他大多数品牌都耳熟能详。那么，为什么就连李佳琦、罗永浩这样的大牌主播带货大都是知名品牌呢？说好的主播带货、人带货呢？怎么还都需要品牌赋能呢？

核心问题，还是要回归到销售转化率。名人带名品，能够保证销售的转化率。大牌主播带货其实也需要品牌赋能，也就是我们常说的“货带人”。你想想，假设一个知名主播，一场直播卖的货品大都是人们不熟悉的新品牌，会是什么结果？如果他连续一个月在销售人们不熟悉的新品牌货品，人们会怎么想？他的直播间还会有人光顾吗？

营销 4P，即产品、价格、渠道、推广。消费者购买的是产品本身，主播其实只是渠道上的一种呈现方式而已。所以，哪怕你的表现再好，如果没有观众认知的好产品，你的销售技巧一样无用武之地。在这里，所谓观众认知的好产品，就是知名品牌。任何时候，主播都离不开品牌，离不开优质的供应链。

所以，直播电商能否成功最终还是决胜于供应链。

“货带人”与“人带货”相辅相成，但是最终还是要依靠货品本身的“品牌感”，需要“货带人”。因为，消费者需要的是产品本身!

引流款、话题款、常规款、利润款怎么配比？

一场直播，排兵布阵很重要。这当然包括了直播间各个岗位的协同，但我更想强调，货品的排序尤为重要，是重中之重，其重要性如同战场上的排兵布阵。特别是非头部主播，货品排布就像田忌赛马，决定了你的直播间最终的销量。因为，它左右了直播间的节奏，决定了留人率和转化率。

我们把直播间的货品分为四类：引流款、话题款（爆款）、常规款、利润款。这四者相辅相成，各担其职，分别承担引流、宠粉、黏粉、获利的作用。

- 引流款，直播时也被称为福利款。一般是低价商品，吸引人流，比如6.9元、9.9元包邮的产品，特点是价格低，用户决策成本低，有利于直播间人气的提升，营造热卖热销的氛围。

- 话题款，也就是爆款。有利于宣传和制造客户期待，如品牌新品、品牌联名款、明星同款、当季必需品等，制造话题，让人产生兴趣，也有利于直播间的宣传推广，特点是以刚需为主。
- 利润款，能够抬高直播间利润的产品。要兼顾品牌知名度、毛利率和转化率，主要目的是实现销售转化，获取利润。往往是套装组合和专业级产品。
- 常规款，丰富直播间选择的产品。其特点是消费者认知高或者有强刚需。

这是我任职顾问的万邦化妆品公司抖音运营团队的一份直播产品清单：

表 3–4　万邦直播产品清单

<table>
<tr><th>序号</th><th>直播时间</th><th>产品</th><th colspan="2">价格（元）</th><th>福利政策</th><th>分类</th></tr>
<tr><td rowspan="2">1</td><td rowspan="2">19:30 ~ 19:40</td><td rowspan="2">兰瑟致青春炫色水唇釉</td><td>零售价</td><td>99</td><td rowspan="2">/</td><td rowspan="2">常规款</td></tr>
<tr><td>抖音价</td><td>29.9</td></tr>
<tr><td rowspan="2">2</td><td rowspan="2">19:40 ~ 19:50</td><td rowspan="2">兰瑟清透水感防晒隔离乳SPF30/PA+++</td><td>零售价</td><td>169</td><td rowspan="2">买一送一</td><td rowspan="2">常规款</td></tr>
<tr><td>抖音价</td><td>59.9</td></tr>
<tr><td rowspan="2">3</td><td rowspan="2">19:50 ~ 20:00</td><td rowspan="2">兰瑟睫毛滋养纤密精华露</td><td>零售价</td><td>128</td><td rowspan="2">限量秒杀50 支</td><td rowspan="2">引流款</td></tr>
<tr><td>抖音价</td><td>9.9</td></tr>
<tr><td>4</td><td>20:00 ~ 20:05</td><td colspan="4">第一轮抽奖（香水套盒 10 套）送价值 98 元</td><td>引流款</td></tr>
<tr><td rowspan="2">5</td><td rowspan="2">20:05 ~ 20:15</td><td rowspan="2">优然水立方丝滑唇膏</td><td>零售价</td><td>89</td><td rowspan="2">/</td><td rowspan="2">引流款</td></tr>
<tr><td>抖音价</td><td>29.9</td></tr>
<tr><td rowspan="2">6</td><td rowspan="2">20:15 ~ 20:25</td><td rowspan="2">丽时花漾美颜补水特惠套盒</td><td>零售价</td><td>99</td><td rowspan="2">限量秒杀100 套</td><td rowspan="2">引流款</td></tr>
<tr><td>抖音价</td><td>29.9</td></tr>
</table>

续表

序号	直播时间	产品	价格（元）		福利政策	分类
7	20:25 ~ 20:30	兰瑟大眼界速绘柔黑眼线液	零售价	78	赠送兰瑟水光净澈洁面膏	利润款
			抖音价	69.9		
8	20:30 ~ 20:35	兰瑟水润丰盈护唇膏	零售价	30	/	引流款
			抖音价	6.6		
9	20:35 ~ 20:50	兰瑟水弹无瑕蘑力印章轻垫霜	零售价	198	送新净界卸妆洁颜水 35ml	利润款
			抖音价	79.9		
10	20:50 ~ 21:00	兰瑟本色光影调色气垫隔离霜	零售价	169	买一送一（每个颜色限量 50 支）	话题款
			抖音价	69.9		
11	21:00 ~ 21:05	第二轮抽奖（兰瑟小红裙 10 套）送价值 520 元				引流款
12	21:05 ~ 21:10	亲肤无痕美白光采粉饼	零售价	240	送化妆镜 + 爱在唇间化妆包	话题款
			抖音价	59.9		
13	21:10 ~ 21:20	兰瑟新净界卸妆洁颜啫喱油	零售价	138	限量 50 支	引流款
			抖音价	39.9		
14	21:20 ~ 21:30	丽时玫瑰保湿喷雾	零售价	98	/	常规款
			抖音价	39.9		
15	21:30 ~ 21:40	丽时花漾补水五件套	零售价	399	限量 100 盒	引流款
			抖音价	99		
16	21:40 ~ 21:50	兰瑟漫时空水雾绒光腮红	零售价	148	/	常规款
			抖音价	79.9		
17	21:50 ~ 22:00	兰瑟天生冒险家十色眼影盘	零售价	179	送专业眼影刷	利润款
			抖音价	69.9		
18	22:00 ~ 22:05	第三轮抽奖（兰瑟小红裙 10 套）送价值 520 元				引流款
19	22:05 ~ 22:10	兰瑟橄榄多效睫毛膏	零售价	109	送兰瑟十眉丝柔持久眉膏	常规款
			抖音价	69.9		
20	22:10 ~ 22:20	兰瑟十眉精细描绘眉笔	零售价	68	买一送一	引流款
			抖音价	59.9		

续表

序号	直播时间	产品	价格（元）		福利政策	分类
21	22:20 ~ 22:30	兰瑟致青春炫色唇膏	零售价	90	/	引流款
			抖音价	29.9		
22	22:30 ~ 22:40	兰瑟珍珠双色BB霜	零售价	178	送兰瑟晶智焕白防晒粉饼	利润款
			抖音价	79.9		
23	22:40 ~ 22:50	兰瑟水凝焕颜晶钻乳	零售价	258	/	引流款
			抖音价	9.9		
24	22:50 ~ 23:00	兰瑟新净界卸妆洁颜水	零售价	118	/	引流款
			抖音价	19.9		
25	23:00 ~ 23:05	第四轮抽奖（香水套盒 20 套）送价值 98 元				引流款
26	23:05 ~ 23:10	兰瑟漫时空净颜双头遮瑕棒	零售价	138	/	常规款
			抖音价	59.9		
27	23:10 ~ 23:20	水光元气肌底液 悦活焕亮粉嫩霜 小水滴无瑕两用美颜盒	零售价	586	三件组合	利润款
			抖音价	199		
28	23:20 ~ 23:30	兰瑟持久蜜粉	零售价	98	赠送兰瑟迷鹿折叠镜梳 + 兰瑟亮颜保湿美肌套盒	话题款
			抖音价	69.9		
29	23:30 ~ 23:40	兰瑟睫毛滋养纤密精华露	零售价	128	限量秒杀100 支	引流款
			抖音价	9.9		
30	23:40 ~ 23:50	兰瑟水光保湿定妆喷雾	零售价	199	/	引流款
			抖音价	19.9		
31	23:50 ~ 00:00	兰瑟悦活焕亮粉嫩霜	零售价	188	送新净界眼唇卸妆洁颜液 35ml	话题款
			抖音价	59.9		
32	00:00 ~ 00:05	第五轮抽奖（香水套盒 10 套）送价值 98 元				引流款

续表

序号	直播时间	产品	价格（元）		福利政策	分类
33	00:05 ~ 00:15	优然光韵透润隔离乳	零售价	228	/	常规款
			抖音价	59.9		
34	00:15 ~ 00:25	兰瑟小水滴无瑕两用美颜盒	零售价	199	送兰瑟淡彩润唇膏 + 兰瑟玩色派琉金唇膏	常规款
			抖音价	79.9		

（以上直播间选品的价格，作者已经做过调整，仅为示例，并非真实数据）

这是一场历时 5 小时的直播。直播间分别设计了引流款、话题款、常规款和利润款。作为一家传统的线下企业，渠道利益的冲突显然是品牌方要考虑的首要问题。毕竟作为一家在线下渠道深耕了近 30 年的化妆品企业，线上线下的价格可能会相互博弈，直播间里的价格不能触及线下经销商的“奶酪”，否则就是自毁长城。

每场直播对于团队而言，价格的考虑会慎之又慎。除了线下经销商的原因之外，如果总是举出价格大旗，必然会对品牌有所伤害。价格一旦降下来，就很难再恢复回去。消费者会想，“上次我买过便宜的价格，为什么这次不可以了呢？那我就不买了，等你下次降价时再考虑”。

另外，现在的头部主播在与品牌方合作时，总会要求直播间价格为历史最低价。品牌方一旦把某款产品价格压下来，且产品被头部主播选品选中，这个产品的价格在扣除坑位费、佣金后能否还有利润，也要预先考虑。

对应上面的表格，看一下选品思路。

我们在直播间里设计了引流款产品，这里包括了每隔一小时的抽奖，5 个多小时里，有 5 次抽奖机会。直播间的人气，需要靠更多人的停留来营造。“抽奖”永远是最具吸引力的引流手法。

除了抽奖，设计了多款产品 9.9 元和 19.9 元，限量 50 套或者 100 套，这也是为了把进入直播间的人留下来，流量打上来。这里解释一点，淘宝、抖音这些公域流量平台，会根据直播间观众的停留、互动等指标，测算出流量利用效率，根据热度再分配流量给该直播间。

我们在直播间也安排了不少话题款产品。话题的营造，除了讲解当季新品的优点以外，还配以赠品策略，带出话题。毕竟化妆品买家心里都有一个大致的价格范畴，买粉饼送化妆包，买眼影盘送眼影刷，买粉嫩霜送卸妆液，很多人会觉得这种挺合算。

利润款产品是每场的核心，以确保一场直播下来能够有利润。每家公司都会有自己的一些拳头产品，这些产品有卖点、能感知。直播给了企业面对面与客户交流、互动、展示的机会，在这时，就要把卖点好好地表现出来。比如，兰瑟有一款粉饼，主播在演示时会把水直接撒在粉饼上，水瞬间滑落。这很好地展示了这个粉饼的定妆作用，能够使妆容持续不脱妆。它自然也就成了直播间的畅销款、利润款。

引流款留人、话题款造势、利润款获利，常规款充实，做好匹配和成本测算，一场直播才能真正做到风生水起。一般，在一场直播中引流款占比 40%，话题款占比 10%，利润款占比 30%，常规款占比 20%。当然，不同行业、不同企业、不同品牌，这个数据不尽相同，这里要做价格、流量、销量之间的预测。配比率的核心原则就是留存率、转化率，通过不断复盘总结，不断优化迭代，最终逐步形成自己直播间的选品结构。

第四章

疯传作品

直播带货，在淘宝、抖音、快手等一众平台中一下子火热起来。预计在2021年，常年职业带货主播人数会高达数十万之多。那么，问题来了：这么多主播，这么多场次，凭什么你能脱颖而出，让观众愿意来你的直播间，使你能够高效地卖货呢？

来，先复习一下销售成交额公式吧！

销售额＝流量×转化率×客单价×复购×转介绍

任何销量的基础，都是流量。没有流量这个基础，后面的营销动作必是无源之水。有了流量之后，转化率成了重要指标。但在今天，海量信息争夺着用户有限的注意力，品牌面临市场混战加剧的格局，各个企业激烈地抢夺消费者的钱包，仅凭一次简单的流量曝光与消费者的偶然相遇，就想让消费者掏腰包，变得越发困难。

没有消费者心智认知的改变，流量就没法留得住，流量转化、达成交易，让陌路人变成座上客，也会是无源之水。改变认知，要从内容作品入手。如果没有优质内容的加持，流量就只是流量，它的价值只局限在曝光和有限的即时转化。

营销中的消费者心智认知改变有四步：触达、熟悉、好感、信任。没有触达，无从认知；反复触达，不再陌生；创造新奇，产生好感；多次好感，促成信任。只有通过内容，在情感和价值观深处对消费者形成召唤力，才能建立起留存于用户脑海的牢固的品牌关系，为未来创造更多的交易机会。

触达、熟悉、好感、信任的进程，对应到直播电商，是同理的，仅靠一次直播太难直接达成最后的信任了。所以，要将短视频作品也就是内容作为直播电商重要的抓手，通过内容的召唤，建立品牌与消费者链接的“引力场”。以内容赢得受众，才能更好地赢得直播间之战。

抖音、快手平台都是在短视频起家后才开始做直播的，观众从观看短视频导流到直播间。短视频的快速发展，让传统的电商平台也看到其中的机会，淘宝直播、小红书等也纷纷推出短视频内容，短视频内容作品在直播电商的推广过程中发挥着重要作用。可能有人说，你看薇娅号称淘宝直播一姐，也没看她制作太多基于人设的短视频啊？我说，你想错了！

2018 年，整个淘宝主播也就 6 000 人，2019 年也只有 2 万人，而今，全网带货主播已经几十万人。2018 年，薇娅通过一场场排位赛，逐步登顶封王。有多少小主播能望其项背？曾经，她就是万里挑一的存在，而今她更是站在巅峰，得众人之目光，获流量之宠爱。其他人哪能轻易复制她的成功？今天，如果我们还照搬照抄她过往的成功经验，那就是刻舟求剑、缘木求鱼。

此外，大家再到抖音上看看，有多少薇娅的“切片”啊？“切片”就是剪辑出来的直播间高光时刻，一句话、一个段子、一个表演、一个产品卖点、一个明星串场，这都是为薇娅加强人设做的加分项。在网上传播的“切片”，就是人设的内容传播宣传片。

还有，看看李佳琦就明白了，他正是因为出圈抖音，引来众人瞩目，才有了后来“口红一哥”的江湖地位。如果当初他只是坚守抖音不出圈，或许也没有这么高的知名度。当然，历史没有如果，只有结果。今天，不论是企业主播还是个人主播，决胜直播间，不能单单只关注直播间，还要重视短视频。只有通过短视频作品的反复触达，才能让人熟悉、好感、信任。

与传统媒体面向大众传播相同的内容不同，在过去信息中心化的时代，企业、品牌、个人要出名，重要的渠道就是上央视，通过砸钱上央视达到家喻户晓的效果。而今，传媒的去中心化时代到了。自媒体给众多企业和个人发挥的舞台，新媒体时代的内容生态变得更加细分化、圈层化和场景化。每一个企业、品牌、个人都有了传播主权，你可以通过图文、音频、视频，让更多的人知道你。

你唯一要做的，就是让生产出的内容可以“疯传”。

在畅销书《疯传》中，沃顿商学院市场营销学教授乔纳·伯杰认为，实现疯传依赖 6 个原则，包括能够提供谈资的社交货币、诱因、情绪、公共性、实用价值和故事。此外，营销模式中，还有一个古老的公式 AIDA 模式。AIDA 是四个英文单词的首字母。A 为 Attention，即引起注意；I 为 Interest，即诱发兴趣；D 为 Desire，即刺激欲望；最后一个字母 A 为 Action，即促成行动。

结合疯传和 AIDA 模型，我认为内容疯传的原则，也就是戳中情绪 +AIDA。

戳中人心的八大原力

“为什么我制作的内容没人看，而别人的短视频到处疯传？”

“为什么我用心打造的剧情类视频，比不上人家走秀或者变妆？”

“我们的视频拍得很用心啊，是不是平台给我们限流了？”

“老师，我蒙圈了。什么是观众关心的内容呢？”

事实上，做短视频和做广告一样，一定要记住，千万不要“自嗨”！自己觉得特别棒，没有用。因为不知有多少位广告达人总结过，没有人关心你，每一个人关心的首先是自己！

所以，我们要首先找到用户最关心自己的有哪些？

在营销类畅销书《吸金广告》中，作者埃里克·惠特曼总结说，人们真正想要的，都是“欲望”。研究人员已经发现了人类的8种基本“欲望”，并把它们称为“八大原力”。

1. 生存、享受生活、延长寿命；
2. 享受食物和饮料；
3. 免于恐惧、痛苦和危险；
4. 寻求性伴侣；
5. 追求舒适的生活条件；
6. 与人攀比；
7. 照顾和保护自己所爱的人；
8. 获得社会认可。

作者在书中还特别指出，最有吸引力的两种欲望是性欲和自我改善的欲望。每一次做广告，你就要问自己一次，在这个内容里包含了多少具有吸引力的“原力”？只有当你刺激人们固有的欲望时，你才能控制和驱动人们的情感。这样，你的广告才会势不可当。同样的，我们做短视频时一样需要考虑能驱动观众注意力的这八大原力，这样你的短视频才能“疯传”，流量自然源源而来，也就会在观众的心里“长草”。

2019 年末，花西子雕花口红横空出世。口红上镂空雕花，美得就像工艺品。为了不负产品的盛世美颜，花西子请来了香港艺人张柏芝来拍短视频宣传。这也是张柏芝在抖音里的第一条带货视频。我们一起来看看这个视频吧。

【案例】

在歌曲《我如何才能打动你的心》前奏乐的伴奏下，张柏芝的纤纤侧影曼妙地出现。一袭红衣，长发飘飘，屏幕上打出“梦回 90 年代”。此时，镜头转向张柏芝的一侧妙目，她用眉笔轻轻勾勒出野生眉，展现出女神般精致的容颜。而后，她的玉手又款款转动一支口红管，然后极具高颜值的雕花口红从管身内浮出。

接着，女神居然把口红当成眼影，用口红在眼睑上一点，然后用指腹轻轻舒展开来，眉间绛红，英姿飒爽。之后她又画上眼线，此时的女神，已经眉黛青山、星眸秋水。

下一步，女神在唇上涂抹口红，玉唇朱润，唇红齿白，美艳不可方物。仿佛有一首诗在眼前展开，“朱唇一点桃花殷，贝齿轻咬气若兰”。

之后，她竟然又把口红当成腮红，换一个色号点在苹果肌上。抹开后，顿时“酒后微醺带红颜，桃花初上佳人面”。

接着，张柏芝散开头发，转头面对镜头，展露绝美的回眸一笑，镜头定格，气场全开。

港风十足，回忆满满，复古风格，绝世美颜。这一条短视频瞬间在抖音上赢得了200多万个赞。同款口红推广上线19小时，销售额就突破了1 000万。同时，它也引爆了花西子在抖音内的品牌知名度。自此，花西子从一众国货彩妆品牌中脱颖而出，成为国潮彩妆品牌中的佼佼者。

为什么这个视频能够全网传播？因为“美”让人难以抗拒。张柏芝本来就是80后、90后熟悉的港台明星之一，也是香港电影巅峰时期的参与者。在这个短视频中，绝世美颜的明星，复古风格的口红，余音绕梁的音乐，梦回20世纪90年代的回忆，都让人感到无法抵御的美的感染力，并撩拨到了人们内心深处对“性感”和“追求美好”这两大最强吸引力的欲望。

再者，张柏芝用口红当作眼影和腮红。还记得之前讲的MAYA原则吗？“熟悉＋意外”，一点点突破的小新奇，让人恍然大悟“哦！原来口红还能这么用啊”。

正是满目的姿色曼妙、绝代风华，戳中了人们心中的“原力”情绪，让这支视短频瞬间引爆全网。

你的作品，有没有戳中用户心中的八大原力呢？

如何形成冲突、引发关注？

如果你的短视频没有火爆疯传，那么一定是这一条内容没能引发关注的“爆点”。

你有没有在抖音上刷到过这样一个精神小伙？他穿着英式灰色细条纹西装，打着领结，戴着白手套，彬彬有礼、训练有素地站在与身上衣服完全不搭调的环境里——街边、工地、江滨、菜场、大排档……身前摆一个摊子，他就能把一份烤冷面卖出米其林三星的仪式感。简陋的木头架子，几张纸上潦草地写着货品名。你走近他，他圆圆的脸上马上露出 8 颗牙齿，浮现出招牌一样的笑容，对着你拖着长音魔性地喊道：“欢迎光……临！”

看到这个名字叫 *@摆货小天才* 的账号的视频，估计你大概率不会滑走。原因就是两个字：魔性。魔性的笑容、魔性的声音、魔性的场景、魔性的对白，你会被他像旋涡一样的魔性一下子吸引住。

【案例】

小天才：欢迎光……临！

客户：我想买一块豆腐。

小天才：请问摇号了吗？

客户：摇了摇了。上个月摇的，今天到我了。

（什么鬼？买块豆腐还摇号？我相信大多数观众会像我一样，

看得一头雾水。此时，镜头里塞进一个牛皮纸档案袋，他接过，认真地打开档案袋，煞有介事地抽出其中的档案纸。)

小天才非常仔细地询问：你之前没有买过豆腐，这是首块豆腐是吧？

客户：哦，对，之前都是借的别人的。

小天才：你看看我们这边的豆腐，绿化都是做得非常好的。

(他打开身前摊子上的一个被纱布罩着的豆腐板子。在纱布揭开时，你看到四块方方正正的豆腐摆在一个豆腐板子上，旁边还刻意安放了几根香菜做点缀。)

他继续说：而且豆间距都在2厘米以上，采光非常好。更重要的是腐型，非常方正。

客户：对对对！我就是看到这点之后才来的。旁边那家三角形的我感觉怪怪的啊！

(镜头转向另一侧，街上还有一个摊子，他的搭档——另外一个号主@*刘桂香*，正在那里单手叉腰看着这里呢。)

小天才：有品位，她那个啊，是豆腐渣。

(刘桂香冲过来，对着他怒视，他一摆头，视而不见。)

继续问客户：对了，你打算买多少平？

客户：大概……这么大。(客户比画着手势，大概一巴掌大小。)

小天才：方便问一下，您家里几口人吗？

客户：就我跟我女朋友，两个人。

小天才：那你买一个小腐型，就可以了。

客户：会不会太小了？

（小天才把一块豆腐叠到另外一块上面。）

小天才：这个是复式的。

客户：多少钱啊？

小天才：2 块钱 1 平方厘米。

客户：这么贵啊？上个月才 1 块钱啊！

小天才：下个月要 3 块钱，而且，我们这个升值空间很大，你买回去不出三天，它就能变成臭豆腐啦！

（对话继续。）

小天才：欢迎下次光……临！

他总是笔挺地站在街边，把非常不起眼的陈年旧款儿童玩具电子手表卖出奢侈品百达翡丽限量款的气势；把一双破洞的军绿色帆布跑鞋修理出保养劳斯莱斯豪华汽车的气场；把废品回收站收购的废旧玻璃瓶评鉴出央视文物古玩鉴宝栏目的气度……尽管所有的场地都是在路边摊，所有的货品都是废旧品，但他偏偏演出了那么“高端、超五星级”的感觉。

超强的代入感、魔性洗脑的“欢迎光临”记忆点，场景、话术、剧情的冲突，让人获得瞬间反转的轻松快乐。

*@摆货小天才*账号本人名叫李松宇，26 岁，湖南常德人，在他身后是一支 5~6 人的创作小团队。他们把底层小人物的快乐和苦恼、现实的无奈与想象的荒诞、脏乱差与高大上的格格不入、低端废旧产品与高端品质服务，两种极端的现象扭曲着碰撞在一

起，产生了巨大的喜剧效果。这个号起号 85 天，抖音粉丝量就突破了 700 万。

他这个号之所以能够快速地脱颖而出，核心是“冲突点”，并且打造了超级符号“欢迎光……临！”，建立了鲜明的个人符号标签。小天才通过符号、口号、信号，让人产生了差异化认知，在理念、行为、视觉上形成了自己独具特色的辨识度。日积月累不断加以强化，让人熟悉、喜欢、信任，形成人设，引发爆点。

他的符号、标签，都是来强化“冲突爆点”的。例如，魔性的“欢迎光……临！”的话音、笔挺的英式灰色条纹西装、花领结、白手套、丽思卡尔顿般的服务规范，这些都是“符号化”以强化“冲突爆点”。以“冲突”引“爆点”，格格不入的高端与低端的“冲突”、正话与反说的“冲突”、公共场景与个人形象的“冲突”，正因为这些，他的短视频爆红，流量自然涌动而来，客户认知也从陌生变成熟悉，进而喜欢和信任。

你的短视频，找到“冲突爆点”了吗？只有这样，观众才不会轻易地滑走。

如何引发持续观看的兴趣？

什么样的短视频会引发你看下去的兴趣？

大多数人的回答是，好看、好玩、有趣、有用、有价值、有感觉的。

是！但是，这个答案太宽泛了。怎么才能做到有趣、有用、有价值、有感觉？

我特别爱看一个 70 后大叔的医学科普号，他本人是北京 301 医院皮肤科的副主任医师。从 2019 年开始在抖音上科普医学知识，一年左右，粉丝量已经突破了 2 100 万。他从来不穿白大褂出镜，不摆专业医生的谱，穿着一件便装，在街头行走中，30~50 秒就把一个医学小知识给你讲完了。听完，你总有一种涨知识了、豁然开朗的感觉。

再来一起看看 *@仙鹤大叔张文鹤*的视频，琢磨一下，为什么他一张嘴就有吸引力？

【案例】

张文鹤：什么都不给医生看，能叫看病吗？刚才就遇到那么一位。我正跟值班医生说话呢，来一个宝爸，带个女孩捂个大口罩。宝爸说了，给我开红霉素软膏吧，孩子口角炎。

我们医生说，咱打开看一眼。

这个宝爸说，唉，孩子嫌丑，别伤自尊，别看了。

这个口角炎呢，有干燥性的、湿疹性的、病毒性的、细菌性的，你上来就要药，当我们是卖药的还是算命的呀？

还是我们医生会说话，你看这是鹤叔，小儿皮肤科大咖，抓紧机会看一眼。

打开一看，一堆小水疱刚刚有点瘪。

我问，是不是前两天感冒了？

他爸说，是。

这是典型的病毒引起的疱疹嘛！我说开一个抗病毒的软膏，以后只要不舒服就抹，既能止疼，又不会长很多水疱。

所以说，这个家长啊，你要爱孩子，一定要教他正确的就医观念。古人都知道“疾不忌医”，你这个为了自尊，以为抹红霉素就对了，万一抵抗力一低，这个水疱泛发了，还抹红霉素呢？要命的事儿啊！

看看仙鹤大叔，他是怎么一张嘴就吸引人的？

“什么都不给医生看，能叫看病吗？刚才就遇到那么一位。”话题就这样展开了。

他上来就提了一个问题，一句话，就把你引入了主题。而且，这是一个把你带进疑问的话题，一下子就引起了你的好奇，让你变得想知道：嗯？什么情况？谁看病都不会？我是不是这样的人？

那是什么样的魔力一下子打开话题，让你想继续往下听呢？

在这里，给你一个吸引力公式：**吸引力 = 利己 + 好奇**。

利己，我们在之前的章节中说过“人们最关心的首先是自己”。

心理学中，有一个非常重要的心理效应：鸡尾酒会效应。意思是，在一场非常热闹的鸡尾酒会中，虽然现场环境嘈杂，你依然会和朋友亲密交流，不受现场杂音干扰。但如果现场有人突然喊你名字，你会瞬间反应，第一时间注意到。这就是说，人们总能把注意力集中在与自己有关的信息上，无论现场环境多嘈杂。

这种注意力的自主选择现象，就是鸡尾酒会效应。

在短视频的内容制作中，我们想象一下观众刷视频的场景，受众会在地铁、影院、广场、工地、办公室、居家等各种环境下刷视频。从受众看到你的短视频到刷走，这中间停留的时间可能只有 0.8 秒。对，1 秒都不到。在这样嘈杂的环境、这么短的时间内，如何让他产生兴趣，你就得好好利用“鸡尾酒会效应”，围绕他关心的问题，去展开你的作品内容。

接着引发好奇，做到“与他有关，且有悬念”。

怎么能创造悬念呢？除了提出问题，更重要的是制造矛盾，让事情突然“反过来”，也就是让观众的思路突然失控，原地掉头 180 度。就像刚才仙鹤大叔说，医院来了个病人看病，但居然不让医生看症状。明明是病人来找医生看病的，但戴一个口罩，裹得严严实实，偏偏不让医生看。这是怎么回事？你是不是被勾起了好奇心？

是事发突然的反转，激发了人们的好奇心。

记住这个公式：**吸引力 = 利己 + 好奇**。很多爆款短视频都做到了，你也可以试试。

如何刺激观众的行动欲望？

做事情，都会有目的。短视频内容的目的，也绝不是让人觉得好看就完了，而是要激发人的行动，哪怕这个目的是让观众在心里默默给你点一个赞，或是让他能够记住你或者记住你推荐的商品。那么，拍什么内容更能够刺激观众的行动欲望？实例和数据，哪个更有说服力？

我们来对比一下：

抖音上有一个 @*毒辣车评*账号，我们来看看它是怎么来讲的。

问：SUV 买六座还是七座？

答：六座。

问：为什么？

答：六座的第二排是独立座椅，压倒七座的大通铺。更关键的是，第二排中间还有过道，不会挡住第三排的视野和光线，开阔感完爆七座。并且，第三排的乘客可以把脚伸到过道里，缓解小板凳的坐姿。相比之下，七座的第三排既憋屈又封闭，舒适度差了不止一级。所以六座 SUV，6 个座都挺舒服，而七座 SUV，只有 4 个座可以舒服。

再来对比一个内容，你觉得哪个更吸引人？

×× 车全系搭载 2.0T 发动机，配置 6AT 变速器，最大马力为 192ps，峰值扭矩为 268，前独立悬挂和后双连杆式独立悬挂。19 英寸双五幅式轮圈，后扰流板和双边双出的排气。

车长、宽、高分别为 4 637 毫米 ×1 855 毫米 ×1 531 毫米，轴距 2 700 毫米。

前侧气囊、车身稳定系统、倒车影像、倒车雷达、上坡辅助、自动驻车、无钥匙启动进入、手机互联、车道偏移预警、方向盘加热、自适应巡航、定速巡航、矩阵式LED大灯。

同样是介绍汽车，你在买车时哪一个销售人员给你做的推荐你会做出考虑？实例和数据哪一个更能吸引你？显然，大多数人会对前者更感兴趣。

在看第一个短视频的时候，你心里是不是已经试乘试驾了一把？

为什么呢？——场景和故事，撩动情绪。

你介绍一辆车，说车的长、宽、高分别为4 637毫米 ×1 855毫米 ×1 531毫米，轴距2 700毫米，还是说你可以把脚放在车内过道里乘坐更舒适？显然，有场景、击中情感的内容才是打开观众行动欲望之门的钥匙。情绪，是激发行动的钥匙。

短视频，可以让我们更好地呈现场景情境。记住，抛弃单纯的数据展示，换成场景实例去打动观众的情绪吧！

卖啤酒，你就展现啤酒丰富的泡沫，以及三五知己把酒言欢的快乐场景；卖美妆，你就展现彩妆明艳的色彩，以及妆前妆后的变化和精致的美；卖健身房会员卡，你就展现迷人的身材以及锻炼前后判若两人的形象……

如果要讲数据，你也得这么讲：婴儿纸尿裤销量约6 600万片，以一片吸水量是1 000毫升计算，大概能吸干6个杭州西湖。这是不是就有了场景，击中情绪了？

我们再来看看酒仙网拉飞哥的一个视频。

【案例】

在一个烧烤摊前，拉飞哥和两个朋友相对而坐。啤酒、烧烤、毛豆摆了一桌。

朋友：拉飞哥，来一点儿。

（朋友把一罐啤酒递给拉飞哥，拉飞哥手一推，朋友很是诧异。）

朋友：怎么了？

只见拉飞哥顺手从一侧拿出一个大扎啤的杯子，对着朋友说：倒！倒！倒！

（啤酒倾入杯中，白色的泡沫涌起，一点一点升起，隔着屏幕你仿佛都能闻到啤酒花的香味。）

拉飞哥嘴里继续喊着：倒！倒！倒！

（啤酒泛起浓浓的白色泡沫，金黄色的液体在杯中涌动。）

拉飞哥：倒！倒！倒！

突然，听到“咣当”一声，如雷震动，镜头摇晃。好像什么东西撞上了，还撞得不轻。

镜头掉转，只见停在路边的一辆电动车被撞翻在地。一辆正在倒车的SUV停了下来。司机坐在驾驶室里，探出头来大叫：“哎呀，谁喊的倒倒倒！有病吧？”

（哈哈哈，全场爆笑！）

拉飞哥佯装不知，端起啤酒，与朋友对饮起来。像什么都没发生过一样。

看完这个视频，你会做何反应？一定是开怀大笑吧？反转和幽默，是短视频里打开情绪之门最好的钥匙。拉飞哥这个段子短视频就击中了人们快乐的情绪。看完你是不是会给他点一个赞，或者转发给朋友？

再有，你是否会对视频中的泛着白色泡沫金黄色的啤酒留下深刻印象？

还有你对他本人喝酒的印象是否也进一步地加深？再有他的人设与酒的关联，是否进一步加强了？

如果他正在开直播，你从视频刷进他的直播间，他在卖酒，你是否觉得人设是契合的？一点都不违和？

好的短视频，就是这样不断击中你的情绪，巩固主播人设。

记住，只有不断地击中观众的情绪，才能刺激他的行动欲望。

没有指令，怎么会快速行动？

有人问我："为什么作品发布后，没有给直播间带来流量？"

在每一次发布短视频作品前，你一定要问一下自己，这个作品有没有埋设行动指令？如果没有，这条视频就是不合格的。

我们所有的营销动作，目的都是为了促进客户的行动！这里包括认知、认可、兴趣、欲望、成交……短视频内容就是广告，是营销活动中的一环。成功的广告，就是让人采取行动。做广告的目的，不是只为了让人惊叹一声"哇！多棒的广告"，短视频的目的，也绝不是为了让人看了之后说"哇！真好看"，然后，就没有然后了。我们最终的目的，一定是促进观众的行动。这种行动包括点赞、评论、转发，再或者是引流到直播间。

所以，作品的制作，一定要以终为始。

以观众做出行动为目的，关注观众对我们的短视频做出什么样的反馈去改善内容。

我们来看看杨坤、曾志伟、张庭等明星主播在开直播前都做了什么么吧。

【案例】

在一场直播前，杨坤在几天内连续发布了几条短视频。我们来看看其中的两条。

1. 旁白：坤哥能用一句话说明你很懂酒吗？

杨坤：蒸羊羔、蒸熊掌、蒸鹿尾儿、烧花鸭、烧雏鸡、烧子鹅、卤猪、卤鸭、酱鸡、腊肉、松花小肚儿……这些啊，配酒都很好！

行家啊！（音乐响起）

2. 杨坤穿着印第安人的服饰，转身正对镜头。然后，摇摆舞步，开始唱起歌来。

“兄弟啊，想你了，你在那嘎达还好吗？”

视频都非常短。但要知道杨坤明星光环，自带流量，所以简简单单的一首歌就有110万的点赞。但哪怕是杨坤，引流也不能突兀。为了晚上的直播，他特地做的引流视频也要与销售的货品匹配。这一场卖酒直播，他与拉飞哥联手，销售额破了1 900万。

【案例】

曾志伟坐在沙发上看书，此时门外传来“快递”的声音，他起身去取，没想到，“快递”的喊声不绝于耳。来来回回，他一趟趟去搬。大箱子、小箱子……

“快递”“快递”“快递”……

快递箱子居然堆满了半个屋子。他拍一拍手，说：“终于选好了。7月7日晚上8点，我们一起拆好物，就等你哦！”

动作直截了当。与杨坤一样，作为香港影视圈大哥，曾志伟有无数作品打动过80后、90后的心。他这么说，自然会有粉丝前往捧场。

同样这么做的，还有张庭。这个抖音上拥有2 439万粉丝的大主播，每一次的直播都是出手不凡。在直播前发布的短视频中，除了她的老公林瑞阳，她还常常邀请她的闺密一起入镜，流量自然是杠杠的。好姐妹陶虹、好朋友明道经常和她一起在视频里载歌载舞，而在这些视频的下方，常常是：“今晚7点我等你来！你想要的我都准备好喽！”

短视频的目的是促进行动。每一条内容，都要有清晰的行动引导指令。观众在观看内容的时候，往往无目的性。但是，作为直播电商的营销运营人员，我们要在短视频中设计行动引导指令。这样，流量才会变成留量，进而变成销量。否则，我们没有目的的行动，就会造成观众无目的的行为。我们所做的一切，就会成为无用功。而销售，是不应该做无用功的。

紧紧握住赢钱按钮

怎么通过短视频让你的粉丝量能够持续增长？

著名广告人叶明桂在其著作《如何把产品打造成生命的品牌》中讲了一个故事："有一次，我和朋友们路过一家游戏机房，对于游戏机，我完全不懂得怎么玩，只能看着旁边的客人，跟着别人有样学样。我投了几回游戏币，转动按钮，突然机器铃声大作，闪灯乱转，机器内的铁球不断滚了出来。我吓了一跳，不知道怎么回事，难道是把机器弄坏了？正想去动一下按钮。旁边的老玩家出声阻止了我，'千万不要乱动。恭喜你，中大奖了'。那一次，我赢了 3 000 多元。"

他说："这个故事告诉我们，当我们无意间找到了成功的按钮，千万不要移动。因为，继续下去将会让你的提款机响个不停。我们应该持续这个动作，直到收款机的响声停止。"

对的！短视频投放引流、吸引粉丝也该如此。如果一类短视频作品的定位、风格能够持续引流，那么我们就要让它这个风格发挥到极致地去吸引流量。按住按钮，不要动它。原因你要记住：老粉丝之所以被吸引，就是因为你用一类内容视频找到了用户的"情感按钮"。所以，他们才会关注你、喜欢你。同样的，你要记住，新粉丝也会以同样的方式被这个"情感按钮"触动。

所以，当你找到了那个按钮，就不要再乱动了。

关注@*栗子哥商*这个抖音号是在2020年4月。当时，他的一条视频火了，正好让我刷到。那是这个账号的第三条视频，我觉得有意思，就关注了他。没想到，我发现他居然靠8条短视频就获得了25万的粉丝，截至同年9月他的粉丝量已经达到近140万。

栗子哥的号其实内容挺简单的，没有什么大制作，就是一台手机拍下他卖栗子的镜头，只是他的买卖不一般。别人卖栗子，公平称重，银货两讫，顾客走人。可他偏不！在他们家买栗子，你可以和他打赌，他输了，你就可以将称重的栗子白白拿走。

【案例】

顾客：老板，听说你是一抓准，我不信。

栗子哥：不信？不信是吧？反正我错了免费。

（一个满头白发的大妈拿着一个小铲子，在栗子哥面前的簸箩里掏了几下，铲起满满一铲子的栗子。栗子哥此时双手插在裤兜里，环顾左右，然后看了一眼那个铲子。）

顾客掂量着铲子问道："说吧，这是多少钱的？"

栗子哥看着铲子，又前前后后地看了一下栗子的个头大小，然后斟酌了一下。

栗子哥：这个太简单了，这是……

他突然停下来，伸手在簸箩里又拿起三四个栗子，放进铲子。然后，再看了一眼铲子，指着秤对顾客说："慢一点往下倒，慢一点。这是 23 块钱，500 克。上下错一块，我免费。最多上下错一块钱，就 23。”

此时，顾客把栗子慢慢地倒在了电子秤上。然后镜头推近秤上的价格显示栏。神奇了！数字显示，就是“23.00”。

他对顾客说：“一个都没错，佩服吧？”

顾客连连说：“佩服！佩服！”

看到这条短视频的时候，我就想起中学课本里《卖油翁》的故事。康肃公陈尧咨练就了百步穿杨，与卖油老头练就倒油能把油稳稳地从铜钱孔里倒进去一样，都是“无他，但手熟耳”。

栗子哥也一样是“无他，但手熟耳”。他说过，自己干这一行已经 24 年了，多年练就的功夫，眼睛一看、手一掂，他就知道自己卖的东西有几斤几两。这份炉火纯青的功夫，是背后 24 年的积累和练习。

我们再看看他后面的视频，一直都是打赌称重，算错了不要钱。粉丝量稳稳当当地在增长。有人问我，老粉丝看这些内容不会厌烦吗？不会！一定不会！

每天刷短视频的观众，要看到多少条内容啊？你的这一条，只是他刷到的众多内容中的一条。老粉丝已经因为你的绝技关注了你，何必再删除呢？新人又因为你触动了他的情感按钮，成为你的粉丝。你又何需再改风格呢？

找到爆点，按住按钮，然后不要动它，你的粉丝量就会源源不断地增长！

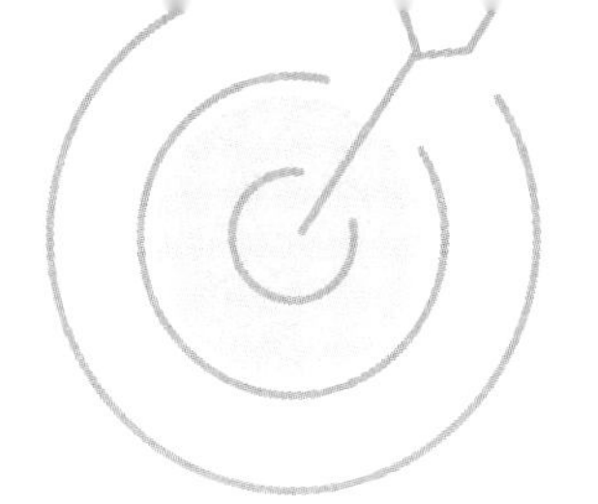

第五章

爆单播品

“台上三分钟，台下十年功。”当你做了各种准备之后，最后临门一脚就在直播间。

直播间是变现的最关键一环，在这个环节中，任何一个小小的疏忽，都可能造成转化率的直线下跌，甚至颗粒无收。回想一下，你是不是见过观众人数寥寥无几的直播间？也听到过某某明星销售翻车，销量惨淡无比？作为一个营销教练，我已经经历过太多次直播间没有流量，或者花钱购买流量却没有转化率的场面。

一个显而易见又残酷的现实是：今天的观众注意力不够用了，他们鲜有耐心。不论是电视、短视频还是直播间，人们停留关注的时间越来越短。如果你不能在直播间里留住陌生人，就说明你的直播技巧还不够优秀。有些主播表演才艺，会有人打赏，但是从一开始就带货，业绩会非常惨淡。这是因为你的人设还没有定位好。一些新主播坚持了 2~3 个月，直播间的销量还是没有起色。怎么办？很多人一筹莫展，这是因为没有掌握直播的“方法论”。

福利来了。我这一年来“蹲守”了数千个直播间，做了几百次录像，把各类优秀主播的视频转化成文字，分析他们怎么说、怎么做。更令人欣慰的是，优秀的直播间都有类似的规律。还有，我发现，在直播间里观察到的成功方法，其实都早有大师帮我们做过总结。

2002 年，心理学家、行为经济学的开创者丹尼尔·卡尼曼教授获得诺贝尔经济学奖。2017 年，另一位经济学大师理查德·塞勒也实至名归地斩获诺贝尔奖。他们开创、进行的行为经济学研究，是“接地气”的经济学，研究人们决策时的非理性因素。他们各自的著作《思考，快与慢》《“错误”的行为》《助推》，以及非理性经济行为的研究者丹·艾瑞里的《怪诞行为学》、史蒂芬·列维特的《魔鬼经济学》等都给我们揭开了人们做选择的秘密。

一个年轻人希望年薪 20 万元，到了年底，年薪计酬达到 25 万元。而当他知道，一起入职的同事小王年薪 30 万元，他对自己的薪酬感到非常不满意。一种本来无人过问的黑珍珠，把它与其他价值不菲的珠宝放在一起时，它的售价一下子高出了数十倍。同样的感冒药，为什么你感觉它卖 20 元一粒时比它卖 0.5 元一粒时更管用？诸如此类的问题，都属于行为经济学的研究范畴。

行为经济学就是从心理学的角度解释人们的行为，是心理学与经济学的结合，它对人们的各种行为的解释更精妙、更现实。

我从“蹲守”直播间的经历中总结、复盘、学习，并且与一些优秀的主播交流、沟通。我发现大师们总结的“禀赋效应”“心理账户效应”等在直播间里依然奏效，而且百试百灵。我就在他们的基础上，总结了“锚点战术”“组合拳战术”“多巴胺战术”“卡脖子‘三限’战术”“菜鸟逼单话术”“羊群效应”六大战术动作，并且根据直播间的工作任务和节奏排布的需要，设计了“胜算三表”和“直播运营分工图”“直播流程图”。

总的来说，每一个优秀主播都有自身的闪光点，但是我发现他们有意无意地都会应用到这 6 种战术。就如巴尔扎克说的，幸福的家庭都是相似的，不幸的家庭各有各的不幸。直播间如是，幸福的直播间都是相似的，不幸的直播间各有各的不幸。

现在，让我们一起去看看吧，如何开始你的“宠粉”播品之旅。

收人、收心、收钱、收魂

很多人说，现在的直播电商不就是原来的电视直播购物翻版吗？只不过是媒介变化了而已。你看销售话术、人员配合、场景布置，还有那些营造稀缺、突出卖点、饥饿营销、阶段上架的套路，以及直播间点赞、飘屏、互动都与当年购物间里电话铃声不断有异曲同工之妙。

那么，直播电商与当年的电视购物有区别吗？

人类的发展史就是一部演化史。任何事物都有演化的过程，最终适者生存。直播电商与电视购物，在表现形式、内在销售逻辑上有非常多的相同点。因为人还是人，销售技巧还是销售技巧。只是由于技术的进步，直播电商的实时互动性更强了。再有，用户获得信息的渠道越来越多，信息更透明，监管也更严格，让主播不太容易以假充真、李代桃僵。

要说两者的区别，最重要的一点就是“实时互动”，今天的直播电商互动性更强了。主播能够在直播间里直接获得粉丝的反馈，也能够直接把自己知道的信息反馈给粉丝。

直播电商，加强了即时互动性。

但是我认为，从底层逻辑上看，线下其实还有一个营销方式与电视购物和直播电商非常类似，那就是“销讲”模式。这个在线下曾经所向披靡的销售技巧，让不少“营销大师”赚得盆满钵满。

所谓“销讲”，也称“会销”（会场营销），销是销售，讲是演讲，通过组织在会场内的销售演讲进行产品推广。销讲，看上去在演讲，其实重点在于“售卖”。当年，那些“营销大师”的销讲，有一套完整的流程：收人、收心、收钱、收魂，目的皆在于成交。讲完后，让人心甘情愿地把钱放进“大师”的口袋。

这些“大师”在教授弟子时，常常这么说：“你不是讲‘有道理’的话，而是要讲‘有结果’的话。顶级的销售人员就是全世界最能成交的人。”所以，“销讲”更看重现场成交的能力。

我们来看看“销讲”标准版的教程是怎么说的。

【案例】

大师：在未来的人生当中，假如有一种“方法”，可以让你的销售业绩增加100倍，你想不想掌握？

在未来的人生当中，假如有一套“系统”，可以让员工主动承担责任，自发地工作，你想不想拥有？

在未来的人生当中，假如有一种“工具”，可以让你的产品远远甩开竞争对手，建立垄断优势，你想不想了解？

假如你是一个中小企业主，当你在会场里听到这样的话语，你是不是会热血沸腾？会不会想听一听，这样的“方法”“系统”“工具”到底是什么？有哪些神奇的点石成金之术？

接下来，大师话锋一转。

大师：假如，你知道这么一个人，过去他一名不文，家里人也都看不起他，干啥啥不成，欠债一大堆，债主天天上门逼债，而现在他拥有自己的几十家公司，其中有两个在香港上市，公司资产几十亿。家庭幸福，儿女双全。你们想不想认识他一下？

假如，你知道这么一个人，他初中毕业，在工地搬过砖，在餐厅刷过碗，晚上在桥洞里过过夜，没有钱，受尽世人白眼。而今，他是多家上市公司的独立董事，靠自学成才获得工商管理硕士学位，在多家商学院兼任客座教授。这个人，你们想不想认识他？

假如，你们知道这么一个人，他……

大师的排比句，接连而至。

而后，他对着全场喊：这个人，就是我！希望每一个认识我的人都能健康快乐、生活幸福、事业辉煌！接下来，我就要结合过去 ×× 年的实战经验和多年的心路历程，为大家分享 ×× 主题。

你的掌声越热烈，我的分享就越精彩！你们的掌声在哪里？

于是，会场里山呼海啸般的掌声响起。助理们、粉丝们、学员们，有的是托儿，有的不是托儿，都被这现场气氛感染得热血沸腾。

接下来，他会讲一个产品或者服务。在这里，他会应用所谓的“动力窗”原理，也就是在这个窗口阶段，刺激消费欲望。他会描绘“追求快乐、逃离痛苦”的场景，反复强调使用它的好处和不使用它的坏处。买这个产品能给我带来什么好处？不买这个产品会给我带来什么坏处？学习会给我带来什么好处？不学习会给我带来什么坏处？

再往下，他会讲几个自己亲身经历的故事。一个先让我感受到紧张、痛苦、抓狂、悲伤，然后又苦尽甘来，有个十全十美结局的故事。这个故事讲述他如何从“地狱”到“天堂”，最后升华，讲述爱、讲述奋斗、讲述梦想。所有这些都跟这个他要卖的“东西”有关。

然后他讲这个产品与竞争对手的区别：“产品这么多，为什么要选择我们的？”

接着他会阐释产品的独特卖点，唯一性、稀缺性，你在别的地方肯定没有见过。

每一段他都讲得声情并茂。而后，进入客户见证环节。某学员使用这个产品后发生的巨大变化，投资之后获得的巨大回报……之后，他会再做名人背书，让学员现身说法。而后，他再问："你们要不要改变？要不要改变？一定要改变吗？一定要吗？"

他又会搬上一大段需要改变的理由，例如"谁因为改变获得了什么"的美好故事。他会坚定你的信念，再一次强调改变的力量。

而后放出他的"收魂"大招。你生命中的初心是什么？你的使命是什么？你的梦想是什么？你未来对社会的贡献是什么？

以上这些，背后是一套完整的话术流程：

1. 不使用本公司产品的坏处；

2. 使用本产品的好处；

3. 再次发问确认需求；

4. 设立消费人员门槛；

5. 塑造产品价值；

6. 假设成交；

7. 对比成交；

8. 确认，报出实价；

9. 投资区分法（让消费者认为不是购买，而是投资）；

10. 投资分解法；

11. 限时、限量、限优惠；

12. 举手上台成交；

13. 上台确认言行一致；

14. 过滤全款成交人员（先成交意愿强、付费能力强的）；

15. 其余收缴定金（再成交有意愿、付费能力弱的）；

16. 再进行二次、三次成交。

收人、收心、收钱、收魂。这是线下“会销”的标准套路。大家来看看，无论是电视购物还是直播带货，是不是都与“会销”的流程有许多的相似之处？它融合了营销中的FBA法则，即产品的特点（feature）、利益（benefit）、优点（advantage），再结合锚点效应、羊群效应、对比策略、秒杀策略，形成逼单，达成交易。

当然，直播间里的节奏、时长、步骤会缩减很多。但是它的核心部分万变不离其宗，就是“场景＋话术”组合。的确，“会销”在过去市场环境不规范的情况下，出现过许多坑蒙拐骗的案例，但是作为营销的手段，它的确有非常强大的攻心能力。

直播电商，其实是在信息越来越透明的市场环境中的营销。我们对于“会销”应该秉承“去其糟粕，取其精华”的态度，这样对主播技巧、销售转化率的提升非常有帮助。明白了底层逻辑，我们再来分拆讲解具体的招数。

锚点战术：没有比较，就没有决策

你知道一桶重3千克的立白亮白低泡洗衣液的价格是多少

吗？那么一个 Bose Sound Sport Free 无线蓝牙运动耳机的价格呢？或者一台大 1.5 匹家用壁挂式定频冷暖空调的价格呢？

我想，很多人是答不上来具体价格的。人们在购买产品时，常常是在“我要不要买”“我能掏多少钱”和“我该掏多少钱”之间做抉择。人们琢磨价格的方式，是在不确定的情况下建立的评价体系。人们的评估，永远是在比较中形成的。

“没有比较，就没有决策”，人们会时时刻刻地进行比较，比如人跟人比，你工资涨了 2 000 元，高兴吗？可是你发现，同事涨了 2 500 元，你还会高兴吗？没有比较，就没有伤害，我们永远都控制不了自己的“比较”心理。

我们还会把东西与东西比。有两款空气净化器，一款 1 599 元，一款 2 288 元，相同品牌但功能略有差异。大多数人会怎么选？有人会选前一个，有人会选后一个。但当我们再加一个选项，增加一个价格 1 099 元的空气净化器时，你会选哪个？在实际测试过程中，选择 1 599 元的比例提高了。

为什么会这样？因为消费者看上去会做理性判断，会结合品牌、品质估算这个产品市场中同类产品大概的价格。如果没有比较，面对大量的商品，消费者其实永远无法找到一个合理的价格。价格永远是根据消费者对商品价格感知的比较而来的，而这个价格感知是由价格锚点决定的。

有个杂志社给自己的用户定价是纸质杂志 180 元 / 年、电子杂志 99 元 / 年，然后纸质杂志和电子杂志一起订阅的价格是 180 元 / 年。这时，纸质杂志的 180 元 / 年，就是价格锚点。不论我选择电子杂志 99 元 / 年，还是选择纸质杂志和电子杂志一起 180 元 / 年，我都会觉得划算。

这就是托奥斯基的“价格锚点”理论。他得出一个结论，当价格不能确定时，大部分消费者都会依据两个原则来判断价格是否合适。

第一，权衡对比。价格锚点的一个前提是顾客并不知道产品的价格。他们会习惯性地将自己接触到的某产品价格当成价格锚点，当他们看到与自己想购买的产品类似的产品的价格时，会在大脑里做出价格对比，从而判断是否接受这个准备购买的产品的价格。

第二，避免极端。也就是当同时出现三种或三种以上的价格时，人们会避免选择价格最低或者最高的产品。就好比你去星巴克，它会有中杯、大杯、超大杯，你往往会选择中间选项——大杯。因为人们常常会折中处理，选择中等价位的产品。

人们在购物时，不会选高价和低价，往往选择自己认为合适的价格。人们做出这样的选择，是用相对安全的方式，避免自己吃太多亏。

在直播间里，想让自己的产品卖得动，锚定效应起着重要作用。一旦“锚定”这个开关启动，它会影响目标人群随后的思考和行动。

首先，设定“锚点”。就像我问你，最高的松柏是不是有 120 米高？你就会开始思考树的高度，你会想是不是有这么高的树。哪怕得出结论，地球上不可能有这么高的树，你也会对地球上最高树木的高度给出一个较高的估计数值。

你认为地球上最高的树有多高？

如果我再问你，最高的松柏是不是12米高？你得出的估计数值，是不是比刚才那个数值低了？

这也就是大多数主播在直播间里应用的方法。给出“锚定价格”，建立先入为主的概念，帮顾客建立起预期。

其次，你要基于锚点让顾客比较。这里我要讲一个知识点，在经济学里，10元和10元是不一样的。

举例，你想到楼下文具店买一支钢笔，这支钢笔卖99元。这时，你突然想起来，在2.5公里外的另外一家文具店，那里正在搞半价促销，这支钢笔只卖49元。这种情况下，你会不会为了省50元，多花15分钟骑自行车去那里买这支钢笔？能省一半，50元呢！

再设想一个情况，如果你在商场买一件西服，西服标价5 000元。你已经试穿好了，这时你女朋友告诉你，离这里2.5公里有一家百货店，同款西服是4 950元，差价50元，你愿意多花15分钟骑车过去买4 950元的同款西服吗？我想，很少人会这么做吧。

这个关于“心理账户”的研究，是诺贝尔经济学奖得主理查德·塞勒提出的。我们不仅仅关心最后省多少钱，更关心省下的钱与原价的比较。钢笔打对折，而西服只有1%的优惠。显然50元与50元在我们的“心理账户”中的“价值感”是不一样的。

我们的认知模式依赖事物间的比较，只有比较才能确定。所以，直播间里你一定要让人“有比较”，更重要的是这个比较的结果要让顾客能感觉到“更优惠”。记住，要能感觉到！

在2020年淘宝“双十二”的活动中，我在胡兵的直播间里给父母买了一床羽绒被。之所以看了就买，是因为被他的话术打动了。

【案例】

胡兵：这个被子盖身上，盖的时候它落下来，你躺在那边，它会最先落在身体最高的位置，比如我的膝关节最高，落下来先碰到膝关节。然后，它会慢慢落到我另外一条腿上。然后慢慢地再落下来，它在我身上是很轻的。它会慢慢降下去，完全和床贴合，包裹住我的身体。人就感觉……

助理：感觉很轻，是吧？

胡兵：对对对！还有被包裹住的安全感。这个冬天会很冷，我妈昨天还跟我说，要不要买一个丝绵被。我跟我妈说，我不要丝绵被，我已经买了这个95%的鹅绒保暖冬被。

助理：我其实非常建议你给家里的老人买，因为老人的固有思维是“棉被不行吗”，其实棉被特别重。而且，我们有些观众是南方的，南方的天气湿气特别重，棉被就会又潮又重。但是鹅绒不会，鹅绒是防水的，有一层天然的油脂层。

胡兵：它家的这个鹅绒被誉为“软黄金”。

助理：是的，它家的绒朵特别大。

胡兵：这个蓬松度达到850多，平时的鹅绒被都是500多。

你看，你看……

（胡兵直接用双手在被面上压，演示被子的蓬松弹性。）

助理：是的，蓬松度特别好。

胡兵：我们来说价钱好不好？来，原价 7 399 元，平时的天猫价是 4 299 元，今天我们的好物价是 2 978 元。今年冬天太冷了，希望这款被子可以好好地陪你过冬。睡觉的时候，一点儿都不会冷，享受 A 级睡眠。

助理：你看这个被子上分隔的格子，它这个绒就不会跑，固定在该有的位置。你今年用完了收起来，明年拿出来用的时候，只要晒一晒，它就会自动恢复到原来的蓬松度。

胡兵：这个被子的设计团队厉害喽，有日本的床品设计师和日本睡眠健康指导师，再加上德国的绒源鉴定师组合。哇！是三个团队，它有一个空气锁温功能，等于是说冷空气进不来，热空气不出去。

还没等他们说完，我已经在直播间下单了。“给家里的老人买”“南方的天气湿气特别重，棉被就会又潮又重”……听完这些，我就想到了小时候，我家在上海，冬天盖的那个棉被，如果天气不好，几天不晒被子真的又潮又冷。我就在想，是不是该给爸妈换一床暖暖的被子呢？

就在这时，胡兵一说价格，原价 7 399 元，天猫价 4 299 元，直播间的好物价是 2 978 元。哇！便宜这么多。睡觉的时候，一点儿都不冷，还享受 A 级睡眠。那还不赶快给父母买一床暖被，让他们能够暖暖地睡一冬的好觉。

你看场景描述、价格锚定、认知比较都有了，在目标人群中的销售，也就是顺水推舟。

组合套餐："划算、划算、真划算"组合

怎么让产品在我的直播间里特别好卖?

先问你一个问题。你有没有看过拳击比赛?在你看拳击比赛的过程中，有没有见到过一个高手，上来二话不说，出手一拳就把对手击倒的?我这里指的是同级别比赛，而不是那种专业选手打业余选手。

在同级别的拳击赛中，对手哪怕再不济，一方要赢另外一方，他也得连续不断地出组合拳，很难做到一招制敌。这是因为，哪怕是弱者也会对对手的出拳做出判断和反应，进行格挡、躲避。所以，你很难一招制敌，除非对手不做任何防守。

我们在销售过程中，面对的都是身经百战的购物者。购买产品时，他们对价格敏感，对产品挑剔，也就是说，在你做营销动作时，他们会有防御反应。当他们看直播带货时，如果销售人员仅仅给某产品定一个锚定价格，然后优惠促销，无异于期望一招击败对手，拿下订单。这样的销售方式成功的概率就会低很多，因为没有打组合拳。

记住，直播带货更要打"组合套餐"！因为，消费者进你直播间，停留可能也就短至几秒、长至一小时，他不可能每时每刻

都在你的直播间蹲守，就算蹲守，他也不会在没有消费冲动的情况下购买。

前文里，我们说过“情绪，才是行动的钥匙”。我们要让人产生行动，就要击中情绪，刺激欲望。

那怎么在直播间里击中情绪呢？用组合套餐！

我记得当年看电视购物的时候，你买一个产品，永远还有“免费”搭送的一堆额外赠品，这几乎是电视购物节目的通用模板。

【案例】

主持人：我们今天推荐的这款产品是一个德国品牌的不锈钢不粘炒锅。您看这里，它的入手分量刚刚好，捏着把手颠锅的话，也不会感觉太重……（他会介绍一大堆产品的各种好处。）

今天，在我们这里购买这款锅，价格是 2 599 元。原价 3 999 元的德国进口不粘锅，我们今天只卖 2 599 元……（再讲一下产品的卖点）……只卖 2 599 元！

仅仅这样优惠，还不够。为了回馈各大消费者，今天我们厂方还赠送一组蒸锅，这是由 3 件套组成的，一个大的、一个中的、一个小的……你看这 3 个蒸锅，放在家里可以适合不同东西蒸煮，你可以拿它来蒸馒头、蒸鸡蛋羹……（又讲了一堆好处。）

今天下单的前 200 个观众朋友，我们还有更大的福利。购买这个品牌不粘锅，除了赠送蒸锅三件套，我们还会赠送一组 5 把的德国刀具组合。你看这里有大的切菜刀、小的水果刀，中间这个是切牛肉的……这组道具，一套 5 把，它也是德国产品。我们知道德国制造的刀具、厨具的品质，我家里就有一把德国指甲刀，用了快20年，我妈妈买的，到今天还特别好用……（还是价值推荐。）

你看，今天买这一个不粘锅，送一组3件套的蒸锅，再送一组5件套的刀具，都是德国进口的，实在是太划算了吧！

这还不够，我们今天要把特惠做到底！对，做到底！回馈各位新老客户，打进电话来的前200名观众朋友，我们还会送出一组9件套的乐扣密封盒，大家都知道乐扣这个品牌哦！这个可是大牌子，气密性强……

哦！你看，今天直播间的桌子都快堆不下了。买这个不粘锅就送一组3件套的蒸锅，再送一组5件套的刀具，还送一组9件套的乐扣密封盒，这个也太划算了吧！关键是这个锅具和刀具，都是德国进口的！前200名，现在只剩下79个名额了……

“2 599元，买一个，赠送一堆。觉得划算吗？这么多免费、这么多额外赠品，太划算了吧！高品质、德国进口的。我只是买一口锅，这个锅还是德国进口货，原价要3 999元，现在只要2 599元。虽然有点儿贵，但是这口锅可是可以用二三十年啊！我买给我妈妈（或者买给我太太、我自己），她炒菜会不会更顺手一点儿？这么好用的产品，以后说不定我也可以在家里一展厨艺啦！还有，送的刀具组合、蒸锅组合，都是成套的，看着就觉得挺好用，挺顺手的。等于把家里的厨房炊具焕然一新。还有9只密封盒，这也太多了吧！太赚了吧！关键，只有200套，已经只剩 79 套了，抓紧买吧！”

你心里会不会这么想？

电视购物，哪怕在今天网络直播带货这么火热的情况下，还是风生水起，就是因为它能够激发一大批不怎么会用手机上网的人的消费冲动。家里的老年人就特别喜欢电视购物，因为对于他们来说，这比用手机上网方便，二来价格真的是“感觉很便宜”。

我的父母就是电视购物的常客。因为对于老人家而言，出门用手机扫一个健康码都是一件很麻烦的事情，让他拿一个小手机看淘宝买东西，实在不方便。而电视购物的买一件赠一堆，这种“划算、划算、真划算的组合拳”确实让他们根本无法招架。

丹尼尔·卡尼曼教授在其著作《思考，快与慢》中提出了“前景理论”，这是他与搭档理查德·塞勒教授研究发现的。他虽然获得的是经济学奖，但是他本人其实是心理学教授。他研究的是人类行为对经济的影响，也就是行为经济学。在“前景理论”的研究中，他们发现人们对于损失和收益的回馈都会呈现报酬感知递减的趋势。三万元奖金很好，但是并不是得到一万元奖金的幸福感的三倍。所以，一次获得三万元奖金不如三次获得一万元奖金来得快乐。因为得到三次奖金，你可以高兴三次。记住，金额并不像你想象得那么重要，得到的次数才能影响你的情绪。

这样的结果是不是与你的判断不一样？

你总会想，我一次性拿到三万元，落袋为安当然开心喽！其实，你可以想想，每一次买一个包包、一件衣服、一辆汽车，你开心的时间能有几天？是不是买一辆汽车的开心也就维持一两周，但是经常买衣服、买包包、买口红、买小型3C产品，你会得到更多次的开心？而这些开心加起来，同样的花费，是不是比你买一辆汽车得到的开心要多得多？

所以，在直播间里，你就要让目标客户获得多次的开心。哇！还有赠品！有这么多赠品！赠品的价值有多高不重要，赠品的数量、次数才是最重要的。这样你才能击中他们的欲望！

搭搭是抖音里的优秀主播，有一次她做了一场美宝莲专场直播。在直播间和她搭档的是美宝莲的首席化妆师，那个组合拳套路，真是让人激动不已。

【案例】

搭搭：欧莱雅集团，国际大牌。这个粉底液fit me，你们随便小红书一搜，或者打开抖音一搜，就是一个闭眼入手的产品。它是华晨宇代言的，欧莱雅火到爆的一款粉底液。平时买139元，一分一毛都不少。今天在我直播间，直接改到79元。

首席：这个活动力度，太夸张了，我们这个产品做活动价格从来没有下过百。

搭搭：没有下过百！今天，我们不只79元，还送小样。买一瓶，送三支小样，相当于半瓶的量。等于买一瓶，送半瓶；买两瓶，相当于送一瓶。而且，还不够！我今天，还送你们一支口红，mini lip的口红。还不够！我还送你们一个美妆蛋，它家的高密度美妆蛋。这些赠品总价值135元。

首席：怎么可能？

搭搭：79 元，送 135 元，怎么可能？今天，只有在我的直播间，可能！真的已经疯掉了，疯掉了。抢到的，回来我直播间给我打“给力”两个字，打“给力”。

我给大家看一下，美宝莲家的产品，打的就是超高遮瑕。

（她随手在脸上用眉笔画了几道黑线，然后按压粉底液泵压出一些，轻轻抹在脸上，遮瑕效果马上显现，脸上的黑色印痕没了。）

大家看好了，哇！

（一旁的首席化妆师和她一起“哇”了起来。）

搭搭：这个遮瑕力。我的妈呀，什么叫超高遮瑕力，为什么所有博主都在推荐它？你看，因为它就是太牛了。

现在，从 139 元直降到 79 元，买一瓶，还送半瓶，还要再送一支口红，再送美妆蛋一个。买 1 发 6，拍 2 发 12。买两瓶，就是送一瓶。

首席：哇！真是太合适了。错过这次，就买不到这个价了。

搭搭：10 秒，倒计时，就要下链接了。大家抓紧！

场控在后台计时，喊道：10、9……

搭搭：家人们，我好不容易申请下来的一次机会。大家抓紧，买 1 发 6 啊！

场控：5、4……

搭搭：大家抓紧啊！买一瓶，送半瓶，买两瓶，送一瓶啊！

你看，买一个，发 6 个，正品和小样，一共 6 样。拿在手上，满满的一摞。此时，搭搭把两份装拿在手里，看着双手都快拿不下了。国际大牌，超多赠送；价格直降，仅在此刻。你如果是一个美妆控，会不会忍不住地买买买？

多巴胺战术：抢不到的，才是真快乐！

常常有学员问："为什么我的直播间没什么人气？""为什么有些主播的人气那么旺？而我们做不到？"

我会回答："因为你没有撒钱啊！"我经常这样笑答我的学员。

我说："讲一个最基本的逻辑，不论是淘宝直播还是抖音、快手、拼多多等平台的直播，因为平台间的竞争，把用户的时间都分流了。平台的流量怎么来？没有一个平台的流量是免费获得的。所谓的自然流量，都是用户再次返回平台。对于平台来说，它花了大力气、大成本引来的流量、引来的注意力、留住的客户，自然不想让它白白流失。他们最希望的，就是两个字'变现'。把流量变现，就是各大平台的商业模式。"

理解了平台的盈利模式，我们就知道了平台的诉求：你在直播的时候，要帮着平台"要么留钱、要么留人，最好既留钱又留人"。

什么意思呢？所谓"留钱"，就是平台给你流量，你得付费给平台。比如淘宝的直通车、抖音的抖加、信息流等费用，那么平台就相当于流量变现了，这就是留钱的方式。

再有一种就是留人，你的直播间如果有足够旺盛的人气，帮平台吸引更多的注意力，让人愿意反复来到平台，这样平台也愿意再给你流量。因为只要客流活跃、人气旺，这些人早晚会进行消费。哪怕不消费，看看广告也对平台的广告业务有促进。要知道，每一个 CPC（点击率）都是可以向广告商算钱的。只要你不是流量黑洞，平台当然愿意给你流量。所以，你要记住“要么留钱、要么留人”这句口诀。

留钱，就是你向平台采购流量。关于花钱买流量，我就不多做解释了。

我们来讲解一下“留人”。帮平台留人，其实也是帮自己引流。最重要的是直播间播品技巧，这里包含了产品选择、战术节奏、现场演示、话术提炼、场控氛围等。本节主要讲解战术，你要考虑如何让人愿意留在直播间？只要他在你的直播间里，你就有机会刺激他消费。同时，因为你的直播间足够活跃，平台就会判断是否给你更多流量。每一个平台都一样，它都会评判，你会不会浪费它的流量变现机会。

讲解一下直播间的“留人战术”，我把它称作“多巴胺战术”。多巴胺是人体在感受到愉悦和兴奋刺激时，分泌的一种生物化学物质。这种物质与我们的欲望、谈情说爱时的幸福感受息息相关。我们感受到的愉悦程度，就是由我们体内分泌多巴胺的浓度决定的。

每个人的多巴胺阈值是不同的。城里人跑去乡下，看到青山绿水、草长莺飞，就会感觉到很愉悦。因为平时生活在钢铁森林中，偶尔能够亲近大自然，自然兴高采烈。反过来，乡下人到城市，看到摩天大楼、车水马龙，夜里灯红酒绿、觥筹交错，他也一样会兴奋不已。但是，对于城里人来说，天天经历堵车、工作，各种生活琐事都会让人烦躁，反而不太会分泌多巴胺。乡下人也是一样，每天看着田间地头，脸朝黄土背朝天地不断劳作，还要克服各种生活的不便、信息的闭塞，自然也不会对乡村生活分泌多巴胺了。

所以我们知道了，要给人带来愉悦的感觉，让人在购物体验中刺激多巴胺的分泌，就要给予他平时不一样、稀缺获得的感知。只要稀缺，他就会兴奋，在获得稀缺产品时就会因为大量多巴胺的分泌感到快乐。

在直播间制造稀缺感，最有效的方式就是“抢不到”。不论是你的抽奖免费送，还是买一赠几的免费送，都能刺激观众的多巴胺。而且人越多，越抢不到，越兴奋，越会刺激他们分泌更多的多巴胺，他们会留在你的直播间里，期待下一次“抢到”的幸运降临。就像薇娅每次开播都会说，“来！免费送，抽一波！倒计时开始，5、4、3、2、1”。此时，直播间里充满了欢快的感觉。薇娅的女人们做好了准备，一起拼手速。

【案例】

直播间里，薇娅拿出兰蔻的热销经典三件套。

她一个个轮番拿起说：一个兰蔻粉水，一个精华肌底液，一个精华眼霜，如果我没记错，价格分别是420元、680元、760元，一共1 860元。今天晚上，我们直播间有福利，1 860元买一套，送正装的粉水喷雾一瓶。

（她接过助理从一旁递上的一个大瓶装粉水，然后又接过几个白色小物件。）

送3个15毫升正装的发光去黑眼圈眼霜。

（接着，又像变戏法一样，拿出三支小白管。）

再送防晒小白管防晒3支，共30毫升。

（马上，助理又拿出两个黑盖白瓶，她接过。）

再送素颜美白雪花霜两个15毫升，一共30毫升。

（又拿来3个瓶子，真的太多了。）

再送两个75毫升粉水，再加一个50毫升，一共200毫升。

小助理在旁边喊：疯了、疯了。

薇娅（语气坚定）：买的价格1 860元，送的价值4 000多元。

小助理：喔！今晚的热门够不够炸？够不够炸？

薇娅：一定要买到，它是抢跑机制，只有"双十一"最后一天，也就是今天才能买到。我再说一下价值哦，一瓶粉水、一瓶眼霜、一瓶小黑瓶精华。这个你可以囤货，你也可以送给妈妈。自己用、分开用（都可以）。这个精华里面带一根陶瓷棒。这个精华超好用（指着兰蔻三件套，手里再拿起赠品）。然后，这3个1 860。我们再送粉水喷雾一瓶，送正装的发光去黑眼圈眼霜3个；再送正装的防晒小白管防晒3支；再送素颜美白雪花霜两个15毫升，一共30毫升；再送粉水3个，加一起200毫升。一共只有2 000份。

（桌上满满一堆大大小小的正品和赠品，谁看着都会觉得值。）

薇娅：倒计时，这个是热门位。来，倒计时，5、4、3、2、1……来开始！

（几秒之后。）

薇娅：全部没有了。全部没有了。

薇娅：我还没抢到，我自己也没有抢到……

（彼时，自己也在抢购。）

小助理：这个送一个给别人都划算。这个能加吗？急死了。满满一桌子全是正装哦！能加吗？

怎么样，你在直播间里会不会被感染到？有没有感受到抢购的那种心跳加速的兴奋感？

其实，薇娅的直播间大都是大牌名品，客单价偏高。那么怎么才能让消费者愿意留在直播间，加紧下单采购呢？

最重要一招，就是这样的“多巴胺战术”！就像打牌上瘾，你总期待下一把会拿到一手好牌。抢不到，才会上瘾，才会持续愿意留在直播间，期待下一个惊喜的到来。

卡脖子战术：秒杀“三限”

在一场直播中，带货主播最大的利器是什么？

回答就两个字：“秒杀！”目的还是制造稀缺感。

“秒杀”制造稀缺感，万变不离其宗！它有三个维度：一是商品本身的稀缺性（限量），二是支付价格的稀缺性（限价），三是等待时长的稀缺性（限时）。

“限量”，制造商品本身的稀缺性，这里包含产品的品质和服务。讲一个道理就明白了，为什么同一个商场里，有些饭店生意不好，但是海底捞总是顾客盈门，大排长龙？它家产品价格并不便宜，原因就是产品的品质和服务首屈一指。为什么每次新款苹果手机上市，总有果粉去排队购机？原因是产品的设计感、使用的流畅感以及粉丝多年来对苹果的认同感。这些产品因为品质，自然有了稀缺性。

“限价”，价格策略也是营销的重要手段。打折！特价！优惠！绝不只是商家的噱头，而是商家智慧的体现。捂紧钱包，是人类的本能。但是优秀的商家和主播，总能找到方法，让消费者在面对镜头时失去理性。决定你的产品在直播间里的价格，不是厂家的“成本＋利润”，而是顾客的需求和欲望。

“限时”，利用时间的稀缺性制造紧迫感，在销售转化环节非常有效。很多人在掏腰包时会有犹豫、拖延，最后往往不了了之。而时间是有价值的，比别人更早“尝鲜”，比别人更先拥有，这就是价值。你要让用户认知到机会可遇不可求，他才会快速做出决策。限时会激发顾客购买的紧迫感，在直播中熟练应用“限时”技巧的主播，销售业绩自然优异。

在直播间里，狂喊“赶紧来买”没用，你应该说“快没有了”。你要让顾客相信，这个产品很紧俏！每一个人，都渴望拥有一个众人争抢的东西，这几乎是出于身体的本能反应。供应短缺，会让产品变得更有魅力。

【案例】

2020 年 8 月 25 日是农历的七夕。当天来到薇娅直播间的不是影视明星，而是一位知识明星——樊登老师，他在直播间里给大家讲起亲子教育。

樊登：我儿子 12 岁了，在我印象里，他从小到大，我没有大声吼过他。

薇娅：那他要是打游戏呢？

樊登：那就让他打。

薇娅：那他要不写作业呢？

樊登：那就不写。

薇娅：那他第二天到学校不是交不了作业？

樊登：对啊！他就得知道自己要对自己的行为负责任啊。

樊登：很多家长说，小孩马上要上一年级了。我接下来要盯着他，让他养成良好的学习习惯，其实错了。你这不是让他养成良好的学习习惯，你这是让他养成不盯着就没法好好学习的习惯。而且，一直到 18 岁。

（此时，薇娅拿出樊登老师的一本书。）

薇娅：他们让我不要告诉你的，不过既然你来了，也就知道价格了。

（此时，樊登老师在旁边捂住了脸。）

薇娅接着对镜头前的观众说：这本书是樊登老师写的《陪孩子终身成长》，中国友谊出版社出版的。

樊登在一旁补充道：磨铁文化的，一个非常专业的出版机构。

薇娅：对，出版社的原价是 59 元。今天在我们直播间，不卖 59，也不是 49，而是……

薇娅（停顿一下，加重语气）：是，19 元，还包邮，还送价值 99 元的一套亲子教育网络课程。

（此时的樊登老师，在旁边看上去已经要捶胸顿足了。）

樊登：这是非常好的一套课程。

薇娅：好了，您都知道价格了，那我们开始喊一下我们的口号，数一下数，54321，好吗？

樊登摇头做苦恼状，说：好吧……我现在都没兴趣喊了。

（全场大笑。）

（直播间里，很多用户在飘屏打字“没了，抢光了”，助播也在那里喊“没了，没了”。）

樊登：多少册啊？

薇娅：我也不知道他们安排了多少套，问一下能不能加单？

（再一会儿工夫，直播间里的场控又说道，卖光了，卖光了！）

薇娅：多少册？

场控：8 万册。

多么神奇的一幕，在被称为中国情人节的七夕夜里，在中国顶级主播的直播间，薇娅的顾客们抢光了一个父亲写的亲子教育的书，8 万册一售而空。

“限量、限时、限价”，完成秒杀，制造短缺，主播真厉害！这套“三限”卡脖子战术，犹如你在格斗中卡住了对手的脖子，突然放手，他憋着的一口气终于放松，就开始大口喘息。所以你用“三限”，然后突然放松，就能引发更多的流量抢单。

如此高明的一招，是很多优秀主播屡试不爽的直播招数。

逼单话术：让菜鸟成大神

想问主播几个问题：你想不想，在直播时来的所有客户十之八九都能留下来？你想不想提高你直播间的留人率、加粉率、转化率、销售额？你想不想有一套完整的营销话术，只要客户来了就会留下来、就会加粉丝、就会买产品？如果有，是不是就太好了？有的！就有这么神奇的话术。

今天，我就来给大家一套标准的话术模板。它不仅是你线上直播间的销售法宝，掌握之后灵活应用，它也可以成为你线下销售逼单的利器，因为这套话术本来就是线下销售的高效能逼单话术。我在之前的销售工作中反复应用，成效显著，总结提炼后，经常拿来培训我的学生，成效斐然！不少刚入门的营销菜鸟，学会这套话术，三天内就成了半个营销高手。

我把它应用在直播间，主播的能力水平也噌噌上涨，销售业绩可以翻几番。

我还发现，成功的主播都有意或无意地使用这套话术，不论他们之前是否学过这样的营销话术。哪怕之前只靠自己摸索，他们的成功也是暗合整套话术的逻辑。所谓“成功一定有方法”，这套话术就是直播间的成交利器。

今天，我就来分享给你。

好了，你能看到这里，其实已经说明我的话术成功了。

【案例】

我看到过一个只有20万粉丝的抖音账号，主播就是普通素人，只卖女士包包。看似平平无奇的直播间，但我在里面发现了无限魔力——她对业务实在是太熟悉了。首先是熟悉产品，更重要的是话术大赞。她的直播间开播，几乎同时在线的有2 000多人，估计全天有十多万人进过她的直播间。

我们来看看她的直播话术。

主播：来，姐妹们，看过来。今天这个包包太赞了，它剩下的也不多了。直播间的朋友们，今天你们一定要买它。这个产品太好看了。

它的整个皮质非常细腻。这是用一整块牛皮制作的包，大家知道，最好的牛皮是在哪里？是在牛背上。来看一下（这包），整整面都是同一头牛身上的牛皮，整个包包都是。这个包容量特别大，里面可以装一个16寸的笔记本电脑。

这款包包是目前欧美很流行的一款。欧美大牌要1万多块钱，打折也要5 000多。我们只卖1 688元，但是今天在我的直播间，直接免去1 000元，只要688元。现在关注我的，我连688元也不要，再降190元，只要498元。

这一款，原价是1 688元，直接把1 000元拿掉了，再优惠190元，只要498元！

这个包包如果你不买一个，真不好意思说自己是混时尚圈的，这是各大明星、网红、博主必推的，大家钟爱的一款包包。

准备好你们的手速，倒计时。你们一定要抓紧时间。来，上架！5、4、3、2、1。

（此时，运营配合把货品上架直播间，一起高喊“顾客可以抢购了，5、4、3、2、1”。）

大家记住，这可是我的自留款。我自留的颜色是马鞍色，小助理留的是酒红色。这个颜色特别好看，气质女神必留款。

直播间还直接给大家福利，还送大家一个肩带。打开再看一下，里面有三个隔层，有一个防盗隔层，这里是卡包的隔层。

走一圈，你自己看看。（她在台前背着包旋转一圈）你看看美不美，看着都美哭了。懂潮流的姐妹们，你们看，这么背，它可以单肩背，也可以斜挎背。这个酒红色，女神必备款。你看你要出去混圈子，要做就做最亮的星。把这个包包背着，男生看到都有触电的感觉。

这个包包容量很大，但是外观看着很淑女，你背着忍不住有让人呵护你的感觉。女生们，男生看到你背这个包包，都会喜欢。

里面空间超级无敌大，我现场演示一下。容量超级大，你放进去两瓶矿泉水，你看外面也不觉得臃肿。

（她在助理的手中接过两瓶矿泉水，放进包包，然后把包背上肩膀，继续演示。）

场控：我的妈呀，卖爆了，卖爆了，酒红色只有7个啦！

主播：姐妹们，直播间2 000多人哦！大家都是有眼光的，这个包包一共也就200多个，它可以斜挎也可以单肩背。大厂出品，这个是与大品牌同等质量，选料精良，做工上乘。这个包包，你绝对可以闭着眼睛买。

没有抢到的，抓紧去抢啊！

场控：没了，没了，没了！

主播：啊？抢光啦？真的啊？这么快？200个都没了？能不能加量啊？来，助理抓紧问一下，能不能加啊？要其他地方调货？能调到吗？

哦！可以啦，再加90单。噢！好了，姐妹们，再加90单，每个颜色再上30单。大家拼手速。有三种颜色噢。

大家看这个包的品质感，你看这上面的线条。这样的一个款，哪个女生不喜欢？聚会，人家都会觉得你很洋气，很优雅稳重。你看这个皮质。今天这个单品，已经秒了快300单了，我们卖这个包包，原价是1 688元，我们直播间直接去掉1 000元，再优惠190元，只要498元，还送这样一条肩带。

这个一定要入手，我很喜欢的。我一定要推荐给你们的。抢到了吗？这么多人没抢到啊！拍完了，真没了。

哇，今天这款直接炸了啊！

我们准备下一个产品，最后5秒钟，来倒计时，5、4、3、2、1……

直播间里，她用同样的话术，轮换不同的产品，一场直播从晚上7点一直到次日凌晨1点，基本上每款都是必爆单。你从她刚才的话术中，看出逻辑了吗？

好，我来告诉你背后的逻辑，先看一个公式：

唱单→趋利→避害→趋利→避害→趋利→趋利→避害→抬高→放低→逼单

什么意思呢？我们知道适者生存，所以从生物学的角度看，每一个人的心理都是趋利避害的，都在为自己的生存，找到好的生活方向，避免威胁生存的状态。所以，对于美好的事物自然有欲望，对于不利的事物自然会有恐惧、担忧和抗拒。这种情绪与生俱来、反应迅捷。

逼单话术，就是应用人们心理上的趋利和避害、欲望和恐惧，让人们对美好的事物充满憧憬，对不利的一面避之不及，最终促成交易。

把上面的公式再换换，也可以是这样：

定场→欲望→恐惧→欲望→恐惧→欲望→欲望→恐惧→面子→同情→成交

也可以是这样：

1 → A → B → A → B → A → A → B → C → D → 1

看了公式，你就明白：开场时，你要亮明观点 1，这个产品好，好在哪里，接着在A、B公式里逐一展开。我们要促进人们购买时的欲望，让他在购买时，想象买这个东西可以得到什么好处，不买这个东西会得到什么坏处。现在就得买！买到了会有什么好处，没有买到会有什么损失？

趋利和避害、欲望和恐惧，是同一事物的两个方面。所以，你要应用AB法则，先讲得到的好处，再讲没有得到的坏处。交叉进行，重复轮替，让他在渐进的过程中不断强化购买的欲望和失去的恐惧。

在完成AB步骤后，展开CD步骤。要让顾客在购买的时候有面子，抬高身份，“洋气淑女、气质女神必备款，做最闪亮的星”，这些都能让女性顾客勾画出受尊重的感觉，同时也要激发她们的同情心和同理心，主播这么辛苦、这么努力都是为了宠粉，为大家谋福利。

让顾客想象应用场景，CD步骤里要注意给足顾客面子，也要激发顾客的同情心，让顾客建立起强者感受。

收尾时，要清晰明确，用限时、限量的稀缺感，完成交易闭环，回到成交目的1。

记住这个流程：第一步用定场话术1，然后要AB轮番上场，先刺激欲望，再激发不买的恐惧，三次轮回。第三次时，多强调一次欲望。接着CD循环一次，把顾客的身份抬高，给他面子，把自己的身段放低，赢得认可。

整个循环下来，顾客会被你设计的营销话术渐进地引导到成交。

之所以强调三次循环，是为了更好的升华。当然，真正成为高手的营销人员就未必一定按照我刚才讲的顺序出招了，就像张无忌在张三丰那里学会了一套拳法，几次演练后忘记了招数，但是已经融会贯通成了他自己的功夫，“手中无招，心中有招”。那个时候，就已经是出神入化到“无招胜有招”的境界了。

不过，我在这里提醒新主播、新销售一定要练好基本功，不要认为自己知道逻辑和方法，就是已经掌握了。真正的掌握，是需要大量时间刻意练习的。这里给大家一张表，每次开播前，把话术思路设计一下，把内容想好、填好，特别是在换产品时，对于每一个产品的卖点及应用场景、同理心画面一定要写下来。

否则，你在直播间里就会一片忙乱，不知道自己该说什么。直播，绝不是低价吆喝，而是突出卖点、突出价值。

永远要记住，磨刀不误砍柴工！

表 5-1　高效成交话术表

步骤	话核	语义	话术
1	唱单	定场	来！姐妹们，看过来。今天这个包包太赞了，它剩下的也不多了。直播间的朋友们，今天你们一定要买它。这个产品太好看了。
A	趋利	欲望	它的整个皮质非常细腻。这是用一整块牛皮制作的包，大家知道，最好的牛皮是在哪里？是在牛背上。来看一下（这包），整面都是同一头牛身上的牛皮，整个包包都是。这个包容量特别大，里面的话，可以装一个 16 寸的笔记本电脑。 这款包包是目前欧美很流行的一款。欧美大牌要 1 万多元，打折也要 5 000 多。我们只卖 1 688 元，但是今天在我的直播间，直接免去 1 000 元，只要 688 元。现在关注我的，我连 688 元也不要，再降 190 元，只要 498 元。 这一款，原价是 1 688 元，直接把 1 000 元拿掉了，再优惠 190 元，只要 498 元！

续表

步骤	话核	语义	话术
B	避害	恐惧	这个包包如果你不买一个，你真不好意思说自己是混时尚圈的，这是各大明星、网红、博主必推的，大家钟爱的一款包包。 准备好你们的手速，倒计时。你们一定要抓紧时间。来，上架！ 5、4、3、2、1。 （此时，运营配合把货品上架直播间，一起高喊：顾客可以抢购了，5、4、3、2、1……）
A	趋利	欲望	大家记住，这可是我的自留款。我自留的颜色是马鞍色，小助理留的是酒红色。这个颜色特别好看，气质女神必留款。 直播间还直接给大家福利，还送大家一个肩带。打开再看一下，里面有三个隔层，有一个防盗隔层，这里是卡包的隔层。 走一圈，你自己看看。（她在台前背着包旋转一圈）你看看美不美，看着都美哭了。懂潮流的姐妹们，你们看，这么背，它可以单肩背，也可以斜挎背。这个酒红色，女神必备款。你看你要出去混圈子，要做就做最亮的星。把这个包包背着，男生看到都有触电的感觉。 这个包包容量很大，但是外观看着很淑女，你背着忍不住有让人呵护你的感觉。女生们，男生看到你背这个包包，都会喜欢。
B	避害	恐惧	我的妈呀，卖爆了，卖爆了，酒红色只有 7 个啦！
A	趋利	欲望	姐妹们，直播间 2 000 多人哦！大家都是有眼光的，这个包包一共也就 200 多个，它可以斜挎也可以单肩背。
A	趋利	欲望	大厂出品，这个是与大品牌同等质量，选料精良，做工上乘。这个包包，你绝对可以闭着眼睛买。
B	避害	恐惧	场控：没了，没了，没了！ 主播：啊？抢光啦？真的啊？这么快？ 200 个都没了？能不能加量啊？来，助理抓紧问一下，能不能加啊？要其他地方调货？能调到吗？ 哦！可以啦，再加 90 单。噢！好了，姐妹们，再加 90 单，每个颜色再上 30 单。大家拼手速。有三种颜色噢。
C	抬高	面子	大家看这个包的品质感，你看这上面的线条。这样的一个款，哪个女生不喜欢？聚会，人家都会觉得你很洋气，很优雅稳重。

续表

步骤	话核	语义	话术
D	放低	同情	你看这个皮质。今天这个单品，已经秒了快 300 单了，我们卖这个包包，原价是 1 688 元，我们直播间直接去掉 1 000 元，再优惠 190 元，只要 498 元，还送这样一条肩带。 这个一定要入手，我很喜欢的。我一定要推荐给你们的。抢到了吗？这么多人没抢到啊！拍完了，真没了！
1	逼单	成交	哇，今天这款直接炸了啊！ 我们准备下一个产品，最后 5 秒钟，来倒计时，5、4、3、2、1……

对于已经熟练应用《高效成交话术表》的主播，我再给大家一个简化的《单品卖点表》，当你已经能无招胜有招时，也可以以此做好充足的准备，不打无准备之战。

你也可以根据自己的产品，做相应调整。

表 5–2　单品卖点表

品名：		注意事项：		
要点	主要话术	展示方式	配合道具	相关图示
材质 / 成分				
包装				
卖点				
痛点				
使用场景 / 方法				
使用感受				
信任背书				
价格				
逼单关键点				
互动注意事项				

羊群效应：像磁铁魔力般吸引人

直播电商，最终还是一定要讲到阿里巴巴对于电商“人、货、场”的分析。

在前面几章，我们讲了“定位人设”，也就是“人”与“人”，即主播与客户的联结；“精准选品”，即“货”与“人”，产品与客户的联结。那么“人”与“人”、“货”与“人”，具体在哪儿联结呢？对，在“场”里联结。“作品”，就是短视频、图文等内容也是与客户联结，但它是相对的弱联结。而在直播间“播品”时，因为是“强互动”，所以是“强联结”。

直播间，是强联结的“场”！

既然是强联结的场，我们要认识到它不是普通意义上的一个宣传和营销的点：它是新零售时代的全新渠道。营销 4P，产品、价格、推广、渠道。传统零售中，渠道为王，而如今的直播间已经是渠道的颠覆式创新之地。那么，你还认为直播间只是一个小小的宣传窗口吗？一个小小的公司门市吗？不，它将决定和改变未来 10 年新零售、新商业、新品牌的格局。

直播间相当于一个单店。企业的直播旗舰店，相当于是样板店、示范店。主播的个人店，相当于街边的零售店。名主播的个人店，就相当于闹市口的名品店、品牌店。如果你公司的产品能够入驻一众直播间，那就相当于在线上建渠道铺货；如果你公司有直播间“群店”，相当于线上有了连锁店。

我在这里暂时不讲全网布局连锁直播间的打法，先讲一下如何搭建单个直播间这个“场”。

线下开店，要讲究规范流程、交通动线、视觉造型、商品陈列、价格标签等等。线上也是一样的，你也要安排相应的规范流程、场景搭建、机位设备、商品顺序、价格组合、场控运营等。一场成功的直播，绝不是一个主播站在台前滔滔不绝地讲就可以了，它需要一个团队通过协作赢取胜利的结果。

直播团队，要使流程、布景、货品、价格、话术、氛围、场控配合形成合力，把直播间构建成一个“购物场景”，让进来的人愿意停、愿意留、愿意看、愿意动、愿意买。

“停、留、看、动、买”，用户的这 5 个行为，都是与直播间的“场”有关。假设你进入一个直播间，里面没有什么客户，主播的讲解也是一厢情愿，整个直播间的互动很弱，你会愿意停留吗？如果直播间里一直没有什么客户，主播一个人对着镜头讲，他又会怎么样呢？大概率也是越讲越无趣。

所以，在开直播的时候，构建“场”，让直播间有“场强”，就变得非常重要。有“场强”的直播间，就像磁铁魔力般吸引人。对于主播，有“人气”，他们就有底气、有心气好好分享。而同样对于观众，有“人气”和“场强”的直播间，才会对他有吸引力。这就是“从众效应”，也叫“羊群效应”，通俗的说法叫作“随大流”。

羊群效应在行为经济学上的定义是经济个体的从众跟风心理。羊群是一种很散乱的组织，平时在一起也是盲目地左冲右撞，但是一旦有一只头羊动起来，其他羊也会不假思索地一哄而上，全然不顾前面的风险。

其实，人类的从众心理很多时候是理性驱动的。比如说，你路过某一个餐馆门口有十来个人在排队等候。你心里会想，“这家餐馆不错吧，你看这么多人在排队呢”，于是你会接着排上去。然后又过来一对小情侣，他们看到你们排长队，也心想“这家餐馆不错吧”，于是也加入队列里来。又来了人，也加入进来。这是理性的最省成本的方式。

往往这样的选择是对的，因为虽然你并不知道这个餐馆的水平，盲目的头羊可能也不知道，但是在固定场所开一个饭馆，是与客户多次互动博弈的过程。

举一个例子，我们想吃饭时看到一个饭馆，有两种选择，进去或是不进去。第一个人做了一个随机决策进饭馆，他的行为会对后面第二组人产生影响，前面两组的选择会影响到第三组、第四组。进饭馆后，好吃难吃各一半的概率。如果错了，很多人就不再来了，而且口碑会传出去。以后，附近就没有那么多领头羊了。

所以，在饭馆门口选择人多的，大概率不会出错。因为经历了市场上的多次博弈，领头羊就可能是认识路的。附近有这么多饭馆，为什么这家店有这么多人排队呢？因为一定有很多领头羊已经试过了。所以说直播间要注重老客户的培养，这样才能像滚雪球一样吸引新客户。

人们的从众心理，是基于其他人的行为推断某些事物的好坏，决定自己是否效仿。所以，直播间要打造这种驱动羊群的“气场”，让人们在人群中追随大众一致认同的行为。

怎么打造“气场”？说得直白一点儿，就是直播间要热热闹闹。怎么热闹呢？大致有这5个维度：

1. 在线人数；
2. 互动飘屏；
3. 点赞打赏；
4. 参与抽奖；
5. 粉丝灯牌。

接下来，我们运用“停、留、看、动、买”5个环节的知识，结合上述5个维度，看看如何构建驱动羊群效应的“场”。

让路人甲在滑过你直播间时，在第一步就能够“停下来”，在线人数的多少是一个重要指标。每一个进入直播间的人，会很自然地看你直播间的在线人数。如果你的直播内容符合他的意愿，而且，直播间人数还不少，他就会愿意停一下，看看你的直播间能给他带来些什么。记住，只有熟悉与好奇，才让人愿意停下来。

“哦？这个是我熟悉的明星，看看他在干什么？”

“哇，这个陌生面孔，也不是大网红，为什么他的直播间人这么多？他在卖什么呢？是价格便宜吗？”

假设，你的直播间只有3~5个人或者十多个人，他大概率马上滑走。因为直觉告诉他你的直播间没什么价值，人们都不愿意来看。

解决在线人数的方法，淘宝、抖音、快手等不同平台各有不同。除了信息流广告投放，最重要的还是内容引流，形成人设，产生认知，这样人们才愿意关注你在做什么。这些内容在前面的“定位人设”“疯传作品”的章节中都有讲述。

第二步是“愿意留”。熟悉与好奇，能够让人“停下来”看看，但是要让他愿意留下来，你的直播间还要让他感兴趣。参与抽奖和连麦互动，会让你的直播间变得有意思。抽奖，是你与观众互动；连麦，是你与其他主播互动。这些元素的加入，给了观众“留下来”的理由。

当然，除了这些小技巧，最重要的还是带货主播的货品是否有足够大的吸引力。你的选品，是留人的最重要的要素。因为，当他知道你是带货主播时，他留下来的目的就是看看你的产品好不好，是否适合他。所以，送免费礼物宠粉，9.9 元或者低价秒杀，都是直播间吸引人、让人愿意留下来的方法。

让人“愿意停”“愿意留”之后，第三步你要让人“愿意看”。这个环节的核心，比拼的是主播选品带货的价值，也就是主播对于产品的熟悉度、卖点的演绎、性价比的展示等等。这一点，你可以参看之前的一节“逼单话术”：让菜鸟成为大神。

第四步“愿意动”，直播间的互动环节，包括用户的打字飘屏以及给主播点赞或者打赏，对于系统后台判断你的直播间热度都是重要数值。你的直播间热度高，平台也就愿意给你更多流量。因为，它会认为你的直播间能够帮它留住人。这就是我们之前讲的平台“要么留人，要么留钱”的逻辑。

第五步是终极目的，让人“愿意买”。当很多人在你的直播间“抢、抢、抢”的时候，你的直播间就火热了。之前讲过的“锚点战术”“组合套餐”“秒杀三限”“多巴胺战术”等，都是服务于让人“愿意买”的目的。

在这些步骤中，都要应用“羊群效应”推动。懂得和掌握“羊群效应”，构建气场强大的直播卖“场”，能够使你的直播间“人数多、互动频、销量高”，从而达到良好的直播效果。

【案例】

一天，我在艺人张庭的直播间看到她在直播推广一款鹅绒被，被她的话术吸引了。

张庭：我已经睡了十多年的鹅绒被。鹅绒和鸭绒有什么区别呢？鸭是杂食的，但鹅特别爱干净，一点儿异味都没有。这是皖西的大白鹅，羽绒产量特别高。

为什么要选择一床好的羽绒被？因为它适合南方这种潮湿的环境。

助理：我们剪开来看一下。

（助理拿剪刀在羽绒被的一角剪开，从中掏了一把羽绒出来。）

我们的鹅绒，都是大朵的绒，全部是白色的。

你看，就这么小小的一把，我把它打开。看到没有？一下子蓬松开来。我现在把它放到水里，我的手都已经湿了，看到没有？（它）依然是蓬松的。

（助理一边说，一边把手放进水缸里，做演示。）

张庭：你看它不沾水。哇！

助理：所以，在湿冷的环境里，鹅绒被真的是非常好的。请旁边同事闻一下，它有没有异味？

同事：哦，它没有异味。

助理：这是鸭绒和鹅绒的区别。鸭是吃小鱼小虾等杂食的，鹅是草食的。所以它没有体味。

张庭：为什么要选好的被子？因为太潮太湿的话，你被子盖得不暖和。你看这个鹅绒，遇到水，还是干爽的。你看这个鹅绒，从水里拿起来，还能够满天飞。我一定要推荐好东西给大家，你看它根本就不沾水。这羽绒，这么大一朵。

助理：我这里有一枚硬币，大家可以比较一下。这个绒朵，比硬币还大。

张庭：所以，它怎么会不保暖！

介绍产品卖点，张庭的团队直接用剪刀、水缸做演示。观众进了直播间，自然引发了好奇心，愿意停、愿意留、愿意看。当人们愿意留下来看，人自然就会越聚越多，羊群也就聚起来，后面再运用好“锚点”“三限”等战术，自然就有人愿意动、愿意买了。

自我驱动：羊群再次回来

除了从众行为的“羊群效应”，还有一种效应被称为“自我羊群效应”。在丹·艾瑞里的著作《怪诞行为学》中，他指出人们会基于自己先前的行为而推想某事物好与不好，也就是你自己会不断地强化自己的某些行为。就像刚才在饭店外排队，你会第二次、第三次、第N次地排到前一个自己的后面。

举个例子，N年前你路过星巴克，此前你从来没有进去过，这是你第一次到星巴克。咖啡的价格很贵，不过既然来了，看到别人在排队，你也排队买了一小杯。喝着感觉还不错，你也很喜欢店里的环境和氛围。

下一次，你又经过了星巴克。你会再进去吗？你会想起上次的体验。还不错哦！于是，你又进去点了一杯咖啡。这样，你等于已经在上次的自己后面排了第二次。

几天后，你再走进星巴克，这一次，你是排在第二个自己后面，排第三了。一次又一次，于是喝星巴克咖啡成为你的习惯。

你排到了自己的体验之后，你加入自我“羊群”了。

事情没有完。

我们看，在这个过程中你无意中提高了自己的消费水平，原来不喝咖啡的，变成喝咖啡；原来喝速溶咖啡，现在喝现磨咖啡。价格也是每杯花费几十元，这是原来买一盒速溶咖啡的钱。你根本没有记起来，自己是怎么踏入这样一个消费层级的。美式咖啡、焦糖玛奇朵、星冰乐、榛果拿铁、摩卡咖啡……你的选择越来越多。

好了，这里就要告诉你，是星巴克设计了一种独树一帜的体验，让它与其他咖啡不同。不是价格，而是品位。它不遗余力地打造这种与众不同的体验，目的就是让更多的人不断地驱动“自我羊群”。

那么，在直播间里怎么驱动更多的“自我羊群效应”，也就是产生更多的复购呢？答案就是打造与众不同的体验，让人记住你的 USP（独特的销售主张），并且实现它，也就是产品要有卖点、有品质。

主播要问自己，我直播间的 USP 是什么？ USP 有三个特点：

1. 明确说辞，也就是明确地给消费者利益承诺；
2. 唯一独特，是其他竞争对手不具有或没有宣传过的说辞；
3. 强而有力，必须有利于促进销售、强有力的说辞。

有没有听说过朱瓜瓜？可以毫不夸张地说，2020 年 4 月，她在抖音封神，那个月的抖音电商圈属于朱瓜瓜。她原来是快手的老牌主播，当年 3 月转战抖音，很快创造了一场 1 500 万的直播带货战绩。而后不久，她的数据突破 3 000 万。当时，她是除了官方流量扶持的罗永浩之外，带货能力最强的“野生”主播。她具有非常魔性的煽动力，让人感觉她本人就是一个真人版的“聚划算”“拼多多”。我们来看看，瓜瓜是如何抓住 USP，驱动粉丝们的“自我羊群”。

【案例】

瓜瓜：看好了，我现在直播是零磨皮。我刚刚脸上已经涂了两遍这个粉底了。我再给大家涂一遍。为啥给大家涂第三遍？因为一个女孩子，每隔两个小时都要补一次妆。

看好了啊！第三遍，你知道什么叫自然吗？

大家自己去抢，为啥人家卖219元，我卖49元？宝宝，为啥啊？因为，我们是××品牌独家签约。准备好了啊，点关注才能抢，不点关注没有啊，抢到回来打“抢到”啊……

来，给大家涂第三遍，让大家感受下，多自然。这是第三遍，你们看我涂的第三遍。

助理（当瓜瓜在补妆时，助理在一旁补充）：没关注的，赶紧关注一下主播，宝宝们。

瓜瓜：看到没，这第三遍。然后这还不是重点，这个粉扑是水滴形的，太好看了啊！OK了。看到没？皮肤白，买白色；皮肤黄，买自然色。自己抢就可以了。手速慢就没有了，我真的没货了。你们看，我这半边脸涂了三遍，这半边脸涂第一遍，看好了啊。你会发现第一遍和第三遍一样的，看好了啊！

我不知道直播间有没有老顾客？直播间如果有老顾客的话，你们在直播间里说出来，好不好用啊？好不好用？用过的，打“好用”！

对，你看。好用！好用！好用！（就看见互动屏上，老客户互动的一大片文字“好用”。）

看到没，这是涂了一遍的，感受一下。我现在零磨皮，这个是涂了第三遍的，一模一样。（她近距离在镜头前，展示脸的两边涂了不同层的妆效）也就是说，你不管是涂三遍还是涂五遍还是涂十遍，你再怎么补妆，你都很自然。

倒计时10秒下架，不好意思，要没货了啊。宝宝们，不好意思，要下架了啊！10秒下架，皮肤白买白色，皮肤黄买自然色。

倒计时，70个名额，宝宝们，最后70个名额，要没有货了，我现在卖的是××品牌，21年老品牌，3万家实体店，卖了21年，随便一家实体店卖158元，我直播间49元。

倒计时，10秒下架，不会再有了。最后10秒，来！10，倒计时，9秒下架啊，最后8秒，最后7秒，最后6秒，最后5秒，最后4秒，最后3秒，最后2秒，最后1秒，OK下架。不好意思，没有了啊。

有些人说，为啥你的这个气垫卖这么便宜，宝宝，你看着我的眼睛（她瞪大眼睛看着屏幕），我从来没有指望这个气垫要赚钱！（又提高声量，再一次说）我从来没有指望这个气垫要赚钱！

你知道吗，我今天是在抖音的第70多天直播，快80天直播了。我的直播间除了新人之外，80%的人都买过我这个气垫。我们家很多顾客之前都用大牌的气垫，很多人都说买的有100多、200多的，很多人买我这个气垫，都感觉40多很便宜，收到货的全是好评，一点儿都不卡粉，一点儿都不脱妆，对不对？用过的打“对”。

你看，对！对！对！（屏幕飘过一大片“对”字。）

来，先点关注啊，点关注才能抢到我们家福利，不点关注抢不到我们家福利。宝宝，我就是来涨粉的。我前三个月就是来涨粉的，我从 20 万涨到现在，70 多万了！我这 70 天直播已经涨了 50 万粉丝！点关注，才能抢到我们家福利，没有点关注，抢不到我们家福利。所以说，一定要点关注的啊。

来！要不要下一个福利，要不要？要，给我打个“要”。只有打“要”的人才会有，不打就没有啊，来准备好了啊，助理再来个福利。

助理：好的！

瓜瓜：给大家一个新福利好不好，（助理说“好啊”）要不要一个新福利？我说了今天 9.9 元给大家上两万单，我说到做到。咱们先上 5 000 单，9.9 元的，全国包邮的福利，先点关注，宝宝。

“买过的，说买过。用过的，说好用。你看，好用！好用！好用！”这是朱瓜瓜在直播间里的经典话术。在她的直播间里，有许多老粉、铁粉。他们都知道，瓜瓜直播间里的东西价格非常便宜，产品也是好货。品牌货、福利价，这个是瓜瓜直播间的标配。

每场直播，瓜瓜都不拖泥带水。一个个走品，每一档都是优质好价。产品的卖点突出，直播时的讲解清晰，常常亲自上妆（瓜瓜直播的产品以美妆为主），价格令人怦然心动。我们所说的 USP，明确说辞、唯一独特、强而有力，在她的直播间都有了。所以，回购的铁粉越聚越多。这样的直播带货，能不火吗？

羊群在自我驱动中不断地回来了。

打一场直播的“胜算之战”

“我们，不是一个人在战斗！”无数次，我这样对学员强调。一场成功的直播绝不是一个主播的独角戏，而是一个团队的成功，这里包括了主播、助播、运营、场控、客服、选品各个岗位的协同。

《孙子兵法》里写道：“未战而庙算胜者，得算多也；未战而庙算不胜者，得算少也。多算胜，少算不胜，而况于无算乎？”打仗的时候，不去做沙盘推演，去谋划胜利。打一场“无算之战”，必将遭到对手的惩罚。历史上，赵括纸上谈兵，几十万赵军就被他推向战场送死。类似的历史案例并不少见。那么，我们现在的营销工作呢？

我们在做直播时，是不是在打一场“多算之战”，而不是“无算之战”？战场无情，会有伤亡。商战同样，伤亡的是人员成本、营销成本、货品成本、时间成本。

你有没有注意过一些知名主播的直播间背景墙？在讲到某个产品时，它会跳出产品的品名、型号、图例、日常价、直播价、赠品信息等。你有没有发现，这些主播在讲解的时候，眼前好像有什么，他们似乎是在照着读。对，他们前面有提词器。

为了确保每一场直播成功，薇娅、罗永浩、陈赫这些头部主播都把功课做得十足。你们会发现，他们在介绍产品时卖点讲述清晰、细节展示到位、报价干脆利落。其实，这都是与台前台后的准备工作分不开的。

除了选品，在开场直播前，有三张表是必不可少的，它们是《直播场控任务表》《卖点提词PPT》《背景墙PPT》。我们来分别讲解一下它们的作用吧。

《直播场控任务表》是一场直播的仪表盘。

- 本场销售总目标是多少？每一个单品的销售目标是多少？
- 主播是谁？助理主播是谁？运营场控、客服是谁？人员分工是什么？
- 开播前的时间，要做哪些动作，达到什么样的目的，实现什么样的结果？
- 开播中的时间，产品排序怎么排？
- 每一个单品的价格，天猫价格、线下价格和今天的直播价？
- 产品的卖点有哪些？是否有配赠的福利赠品？
- 主播用什么样的动作展示？
- 助播、运营需要给予怎样的配合？
- 直播中运营、客服都要做哪些动作？责任人分别是谁？
- 直播后主播、助播、运营、客服分别要注意落实哪些工作？

一张表，把要做的任务一一列出。整场的目标，每一个环节的目标、行动、分工、负责人都罗列出来。这样，每一个在现场的工作人员都知道自己的工作岗位、工作任务、行动目的、具体目标，在直播现场才能分工协作、各司其职，最终一起协同以达成结果目标。

表 5-3　直播场控任务表

<table>
<tr><td colspan="14">直播场控任务表
（　月　日　第　场）</td></tr>
<tr><td>主播</td><td></td><td>助理主播</td><td colspan="2"></td><td>运营场控</td><td colspan="2"></td><td>客服</td><td></td><td>本场销售目标</td><td colspan="3"></td></tr>
<tr><td colspan="2">开播前时间</td><td colspan="4">运营动作</td><td colspan="4">任务目标</td><td colspan="3">完成结果</td><td>责任人</td></tr>
<tr><td colspan="2"></td><td colspan="4"></td><td colspan="4"></td><td colspan="3"></td><td></td></tr>
<tr><td colspan="2"></td><td colspan="4"></td><td colspan="4"></td><td colspan="3"></td><td></td></tr>
<tr><td>直播时间</td><td>产品</td><td colspan="2">价格</td><td colspan="2">卖点</td><td colspan="2">福利赠品</td><td colspan="2">主播展示动作</td><td>运营场控动作</td><td>公屏交互内容</td><td>单品销售目标</td><td>责任人</td></tr>
<tr><td rowspan="3"></td><td rowspan="3"></td><td>价格一</td><td></td><td>1</td><td></td><td>1</td><td></td><td colspan="2" rowspan="3"></td><td rowspan="3"></td><td></td><td rowspan="3"></td><td rowspan="3"></td></tr>
<tr><td>价格二</td><td></td><td>2</td><td></td><td>2</td><td></td><td></td></tr>
<tr><td>价格三</td><td></td><td>3</td><td></td><td>3</td><td></td><td></td></tr>
<tr><td rowspan="3"></td><td rowspan="3"></td><td>价格一</td><td></td><td>1</td><td></td><td>1</td><td></td><td colspan="2" rowspan="3"></td><td rowspan="3"></td><td></td><td rowspan="3"></td><td rowspan="3"></td></tr>
<tr><td>价格二</td><td></td><td>2</td><td></td><td>2</td><td></td><td></td></tr>
<tr><td>价格三</td><td></td><td>3</td><td></td><td>3</td><td></td><td></td></tr>
<tr><td rowspan="3"></td><td rowspan="3"></td><td>价格一</td><td></td><td>1</td><td></td><td>1</td><td></td><td colspan="2" rowspan="3"></td><td rowspan="3"></td><td></td><td rowspan="3"></td><td rowspan="3"></td></tr>
<tr><td>价格二</td><td></td><td>2</td><td></td><td>2</td><td></td><td></td></tr>
<tr><td>价格三</td><td></td><td>3</td><td></td><td>3</td><td></td><td></td></tr>
<tr><td rowspan="3"></td><td rowspan="3"></td><td>价格一</td><td></td><td>1</td><td></td><td>1</td><td></td><td colspan="2" rowspan="3"></td><td rowspan="3"></td><td></td><td rowspan="3"></td><td rowspan="3"></td></tr>
<tr><td>价格二</td><td></td><td>2</td><td></td><td>2</td><td></td><td></td></tr>
<tr><td>价格三</td><td></td><td>3</td><td></td><td>3</td><td></td><td></td></tr>
<tr><td rowspan="3"></td><td rowspan="3"></td><td>价格一</td><td></td><td>1</td><td></td><td>1</td><td></td><td colspan="2" rowspan="3"></td><td rowspan="3"></td><td></td><td rowspan="3"></td><td rowspan="3"></td></tr>
<tr><td>价格二</td><td></td><td>2</td><td></td><td>2</td><td></td><td></td></tr>
<tr><td>价格三</td><td></td><td>3</td><td></td><td>3</td><td></td><td></td></tr>
<tr><td rowspan="3"></td><td rowspan="3"></td><td>价格一</td><td></td><td>1</td><td></td><td>1</td><td></td><td colspan="2" rowspan="3"></td><td rowspan="3"></td><td></td><td rowspan="3"></td><td rowspan="3"></td></tr>
<tr><td>价格二</td><td></td><td>2</td><td></td><td>2</td><td></td><td></td></tr>
<tr><td>价格三</td><td></td><td>3</td><td></td><td>3</td><td></td><td></td></tr>
<tr><td colspan="2">开播后时间</td><td colspan="4">主播动作</td><td colspan="4">运营动作</td><td colspan="3">完成结果</td><td>责任人</td></tr>
<tr><td colspan="2"></td><td colspan="4"></td><td colspan="4"></td><td colspan="3"></td><td></td></tr>
<tr><td colspan="2"></td><td colspan="4"></td><td colspan="4"></td><td colspan="3"></td><td></td></tr>
</table>

第二份是《卖点提词 PPT》，它是让主播不会翻车的导航仪。在这份 PPT 上，要列明详细的品名。更重要的是产品的卖点、痛点、型号、款式、使用方法、信任背书、价格、逼单话术、互动方式、展示方式、临场道具，这些都要清晰地列出来。一个产品一页 PPT，这样，主播就不会忙中出错，可以非常清晰地知道自己该讲什么、该如何展示产品、如何应用道具。

表 5-4 卖点提词 PPT 示例

品名	兰瑟致青春炫色水唇釉		图片
要点	话术	展示方式	道具
包材	人体手指造型，精准描绘嘴角和唇部细节	打开演示	
痛点	许多产品显色度差、唇纹显现、脱色不持久		
卖点	服帖力强，长时间持久不脱色不拔干		
成分	纯色饱和		
色号	1–8 号色	手臂涂抹对比	
使用方法	涂抹	上嘴演示色号	
背书	兰瑟致青春家族，品牌方近 30 年口红生产经验	生产证书	
感受	水润无负担		
价格	原价 99 元，直播价 29.7 元，仅 3 折	计算器展示	
逼单动作	1. 正常到店价 99 元，只有今天仅 3 折 2. 问运营今天能有多少量 3. 强调限时限量		
互动	点关注、点粉丝灯牌、价格猜谜		

第三份是《背景墙 PPT》，这是给进入直播现场观众看的。它的存在，能够让客户不跑丢。有些直播间，没有背景墙，就靠主播自己在那里喊价，其实根本就留不住人。我们前面讲过，直播间要让人能够“停下来”“留下来”，一般用户滑到你的直播间，停留的时间非常短，你要让他在短暂的时间里有信息可以获取。如果，仅仅只是一个人在直播间，没有背景信息，很容易被人们忽略，直接滑走。而你的背景墙上有内容，人们的眼睛就会不由自主地看一圈。这样，就给了你让人停下来的机会。

而已经停留在你直播间的人，因为你的背景墙随着产品的变化而变化，能够让他获取更多的信息。你说的话，是一句而过的，但是背景墙是视觉呈现的。这样的结合，能让停留在你直播间的人有时间想一想。然后，就有可能采取行动。这对于提高销售转化率非常有用。

“胜算之战”三张表:《直播场控任务表》《卖点提词 PPT》《背景墙 PPT》。你的直播间里，有吗?

直播团队的人员配置、任务分工和直播流程

一个直播电商导购的主播团队有哪些角色？人员怎么配置?

主播，职责主要是形成人设、引流粉丝、熟悉货品以及直播带货，而拍摄视频、形成人设、积累粉丝、熟悉货品这些辅助工作任务都是为了服务直播带货这个核心任务。主播每天的直播时间在 4~6 小时，以商品功能、卖点介绍为主，统筹全场，引导成

交下单。一个优秀的主播，每天常常要面对线上几万、几十万甚至上百万的观众。

副播，相当于助理角色，配合带动直播气氛，分担主播工作压力。协助拿货找样、提醒促销价格和活动内容、参与粉丝互动、引导关注、截屏抽奖、优惠信息以及在主播暂离期间上场顶替代班。主播和副播，就像相声里的逗哏和捧哏。

运营岗位，细化分类可以分为流量运营、内容运营、产品运营、活动运营、现场运营和店铺运营。

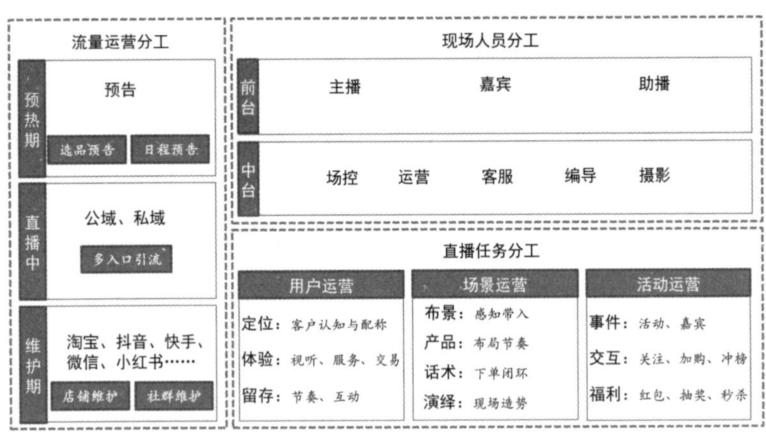

图 5–1　直播间运营任务分工图

- 流量运营，主要负责直播流量的导入。流量来源有淘宝直播、抖音、快手的公域付费流量，通过短视频、信息流、抖加、鲁班等平台提供的各种引流工具，实现直播间的实时导流。也可以是积累沉淀在微信企业号、群里的私域流量，平时互动宠粉，在直播时实现导流。他的工作还包括账号投放数据的分析、检测和优化；相似达人账号的数据追踪和分析；账号的评论、私信等运维工作。

- 内容运营分为两种：第一种主要负责短视频、图文等内容的输出，以支持配合流量运营，分别设有编导、文案、摄影、剪辑等岗位；第二种负责直播间的内容输出，包括直播的场景布置、话术脚本、氛围营造，乃至货品的次序。
- 产品运营，负责给主播选品、搭配货品销售。专业的 MCN（一种多频道网络产品形态）机构，会有专门的招商部，一般企业是由自己的产品经理担任这一角色。
- 活动运营，策划直播间的各种活动，包括外部嘉宾邀约、直播活动设计、红包发放、优惠券发放、活动海报设计、报名等。
- 现场运营，负责维护直播间的用户黏性，实现销售转化。这个角色，也可以由现场客服来支持完成。
- 店铺运营，负责不同平台店铺的产品上架、维护、客户服务等，如淘宝天猫店、抖音小店、快手小店、微信有赞店等。

在实际工作中，小主播团队不用分工如此之细。有一人负责统筹直播时的各项工作即可，包括对接供应链、拟订直播计划、策划直播活动、安排直播前的货品上架以及平时非直播时段的店铺运营、直播时的流量引流。

场控，类似直播导演角色，负责营造和把控直播间人气氛围，配合主播顺利开播。提醒主播控制时长，配合主播后台的现场互动、改价、修改库存、呈现优惠信息。对于小主播团队而言，上述的运营、场控两个岗位可以合二为一。

客服，负责在直播间与客户文字互动，提高粉丝黏性。在直播期间根据主播和场控要求做出相应动作。直播后负责客户答疑、退换货以及对接发货等事宜。

编导文案、摄影剪辑等岗位，通过制作内容引流，服务于直播。

嘉宾，除了自己的团队成员，一些大主播还会邀请外部明星嘉宾到自己的直播间。他们起的主要作用就是引流。明星们自带流量，把他们的流量注入直播间，对于主播本人跨圈出名有非常大的帮助。

以上岗位，不论在淘宝、抖音、快手、微信等，都是类似的人员配置。基础配置可以是 2 人，如主播和运营；也可以是 4 人，如主播、助播、运营、客服。大主播甚至有十几、二十人的团队。这些，可以根据企业不同的阶段做配置。

有了直播团队，接下来就是如何做一场直播。

我总结一场直播的流程分为下面 15 个步骤：账号建立—作品发布—粉丝积累—选品排款—确认分工—场控设计—直播脚本—场地搭建—播前引流—直播执行—场控推进—播中引流—加粉互动—促单成交—播后复盘。

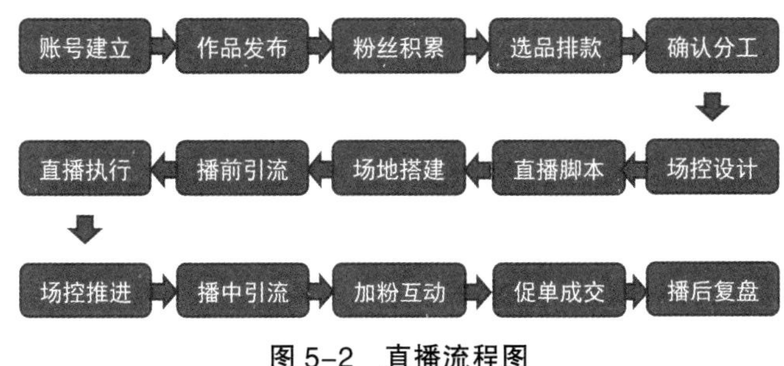

图 5-2　直播流程图

1. 账号建立，主要是形成人设。抖音、快手、微信这些平台更偏重于主播的个人人设的建立，而淘宝直播更侧重于品牌形象的建设。通过账号建立，让顾客有认知，逐渐产生信任，然后进入直播间产生交易。

2. 作品发布，目前抖音、快手、微信等平台更侧重于短视频等内容的引流，淘宝直播也在加快内容建设。作品对于形成主播人设有非常重要的作用，通过有趣、有用、有吸引力的作品，可以形成主播的粉丝群体。

3. 粉丝积累，粉丝源于内容引流和直播引流两种，目的都是为了形成信任。交易的底层逻辑是信任，无信任、不成交。粉丝积累的过程，就是要让顾客形成持续信任，也就是顾客一直在这个主播这里买东西，这就是持续信任。如果主播在直播间讲解的产品与用户收到产品后预期不一致，顾客的信任感就会消失，即不再信任。之后，顾客将永不回头。

4. 选品排款，安排直播间的播品。第一，直播的产品要与主播人设相符，如果人设与产品不相符，粉丝不垂直，必然会导致产品无法销售；第二，产品品质，要达到甚至超出用户预期；第三，直播时产品的排兵布阵。引流款、话题款（爆款）、常规款、利润款，这4款产品次序要安排好。各担其职，发挥引流、宠粉、黏粉、获利的不同作用。

5. 确认分工，直播时的人员安排。2人组，主播+运营；3人组，主播+助播+运营；4人组，主播+助播+运营+客服；多人组，主播、助播、运营、场控、客服、摄影、编导等各司其职。

6. 场控设计，把一场直播的播品顺序、产品信息、产品价格、活动安排、福利设计、流量运营、职责分工、话术设计等工作内容形成文字表单，编制成一份直播前的《直播场控任务表》。并且，在直播前由运营场控人员与主播、各个岗位人员进行会议沟通，以便各个岗位了解当日直播环节，然后在直播中分头执行。

你会发现，那些优秀的直播间都是有策划的。今日主题、开场活动、福利，什么阶段拉抬人气、什么时候促销逼单、什么时候互动交流、什么时候介绍产品，就像有剧本一样。

7. 直播脚本，由产品运营、文案或者主播本人设计当日直播脚本，包括产品功能、性能、卖点、价格、性价比等，以便主播、助播在直播中可以掌控直播节奏，顺利完成销售。

8. 场地搭建，直播环境是直播间留人的重要一环，通过环境的展示，可以让人产生信任感。例如，有些主播是在仓库里或者工厂生产线前直播，这样大大加强了人设的打造，背后的大批货源也容易让人产生工厂直供、价廉物美的感觉。当然也可以搭建货架或者背景墙，让人产生信任。

9. 播前引流，在直播前通过短视频、信息流等，实现直播间的流量引流。这一点对于中小主播的直播间至关重要。

10. 直播执行，由主播完成成交闭环，由各个直播岗位的人员依据各自岗位的要求承担自己的岗位职责。

11. 场控推进，在直播现场由场控人员根据流量情况、销售情况做出分析，提醒主播安排各项直播活动，比如红包、抽奖、秒杀。

12. 播中引流，根据流量情况和各个平台规则，应用各个平台工具，引流到直播间。

13. 加粉互动，这是主播、助播的重要工作内容。只有凝聚更多粉丝，才会降低下次获得流量的成本。

14. 促单成交，由主播通过完成话术设计、产品呈现等工作，实现销售闭环。

15. 播后复盘，在直播结束之后，复盘总结，为下一场直播做好准备。巩固优点，改掉缺点，不断迭代优化流程、选品、直播技巧等，以利于销售额的持续提高。

第六章

高手的成长路径

恭喜你！看到这里，你已经读完了本书的40多个精彩案例。我相信，你一定比刚刚开始时多了几分笃定的把握，也可能早就跃跃欲试地想开始一场直播，很多问题在此刻已经迎刃而解。其他高手的实战绝招以及他们的精彩表现，一定会给予你灵感。

但是，且慢。我们都知道，光说不练无用功。你必须把我们总结的方法和招数，应用并内化成自己的功力。然后，无招胜有招，真正地实战、达成爆单。

如果你真正按照流程去认真走一遍，我相信你一定还会有不少的苦恼。

再次复习一遍我们之前讲过的步骤，这四大步骤一步都不能少。第一步“定位人设”，这里的重点是你要建立一个可信的人设。交易的核心基础是信任，“无信任、不成交”。这个人设要真实、可靠，源自生活，但高于生活。可以“包装”，但绝不“伪装”。第二步“精准选品”，生意永远是“起盘在流量，决胜供应链”。选品的重要性，不论怎么强调都不过分。再大牌的主播，也是靠产品撑着的。直播电商，消费者最终需要的是产品本身，而不仅仅是来看你的演出。没有适合你目标受众的“选品”，这其中还包括有竞争力的价格，你的直播之路是无论如何都走不远的。第三步“疯传作品”，在这里要记住的是戳中情绪吸引人和“AIDA”模型，这样，你才能有流量。第四步“爆单播品”，六大战术加上“胜算三表”以及流程分工，是直播间里获胜的关键路径。你需要不断地琢磨和实践这些战术，并结合“人设”“选品”“作品”，演绎一场场完美的“播品”。

你可能会说，看着是像这么回事了，但是我还不会应用。

不要紧，我请了三位大咖来做访谈交流。他们分别是企业创始人、垂直类目头部主播和网红创业者，让他们从各自角度，谈一谈他们是如何做直播的，他们是怎么把产品卖爆的。

不要浪费任何一次危机——林清轩直播带货

国货美妆品牌林清轩成立于2003年，以山茶花润肤油为主打产品，主要销售渠道是线下直营门店，全国共300多家线下门店，拥有2 000多名员工。最近几年，林清轩业绩高速增长，影响力和口碑蒸蒸日上。然而这一切，都因为一场突如其来的疫情，被强行按下了暂停键。

孙来春作为第一个在疫情期间做直播的创始人，接受了我的采访。

问：林清轩是怎么切入直播赛道的？

答：我们的企业做直播，有偶然性。并不是说一开始就看透了直播赛道来了。之前，我对于直播是有一些不同的看法。认为直播只是能售卖一点儿便宜货、玩玩打赏，那是年轻人玩的东西。我起初并不认为品牌是可以去做直播的。

但是，后来我们做了，是被逼的。疫情影响之下，我们做了试水。结果试水以后，超出我们的想象。我觉得自己是经历了从看不上到积极拥抱的过程。

问：您公司第一场直播的销售额是多少？

答：2020 年 2 月 24 日早晨在淘宝直播，超过 6 万人次观看，销售额近 40 万元。非常真实的业绩。当初设想，是给一线员工打打气，告诉大家创始人做直播这件事，同时推广品牌、卖点儿货。我们当时内部还准备了两个公关稿，一个稿子的意思是创始人做直播，一点儿没卖出去，但依然很激情地讲。哪怕对着空气讲，也得讲。另外一个是有人觉得咱们不容易，买了几瓶产品。对于卖 40 多万元的货，反而是非常意外。

当天，天猫官方就联系我们，说我是企业创始人中第一个到淘宝直播卖货的，而且还卖了 40 多万元。对方问，40 万销售相当于什么水平？我算了一下，我们湖北一家线下实体门店一个月销售额大概 10 多万元，这就差不多相当于二三线城市两家门店一个月的销售额。

问：之后又做了哪些，做了之后有什么感受呢？

答：之后，我就坚持做直播，至今陆续做了 17 场。其中自己全程导流的七八场，还有别人直播的时候我去参加。

后来，我们的新品发布会，请了王耀庆，我们把整场新品发布会都直接做成了直播。一般以往的发布会，就是做一场活动，请一些新闻媒体来，第二天做一些报道。这次，我们把新品发布会放进了直播间。直接做直播，而且不只在一个直播间，是 7 个直播间。不仅在我们自己的淘宝直播的官方直播间，还有微信直播等。

这就是变成了一件非常有意思、形式很新颖的事。我带着手机直接上台，线上线下一起交流，7 个直播间达到了 1 000 多万人次观看。还没有发一篇公关稿，就有这么高的曝光量，直接起到了品牌推广的作用，这个效果太好了。

我们认识到，直播不是喊破嗓子全网最低价，也可以是企业宣传品牌的重要舞台。

问：现在有些企业自己做直播，销售成绩不太好，做着做着就放弃了。对于这个现象，您是怎么看的?

答：这就是企业对直播的定位问题，我可以谈谈自己的心路历程。

第一阶段：不信任，认为直播不是我们品牌方可以做的。因为品牌不能只是在直播间卖便宜货，这样会伤害品牌。

第二阶段：尝试。被逼无奈下的尝试，尝试之后是惊喜。然后，就让员工团队都去直播。因为疫情嘛，哪儿都不能去，就直播呗！哪怕有些人就对着空气播。

但这个事情好在哪儿呢？试错。因为我们最高峰时有 1 700 人在做直播，其中起码 1 000 多人真的是对着空气播，有 600

多人有一些人看。但还有些人就出现奇迹了。有几个人在播的时候出现了几千人观看，卖了几万元的货。这就鼓舞了所有人！

第三阶段：坚持。因为有人脱颖而出，这就增强了我们的信心。所以那时公司就形成制度，要求大家每天直播。我们 1 700 人，每人一天播 2 小时的话，那就是 3 400 小时，因为整个 2 月大家都没事，所以就都直播。3 月，又继续。保守估计，前后大概做了 5 万场，加上薇娅等给我们做直播，当时统计的数字是两个月 5 万场直播，有 1.2 亿人次观看，对品牌有多大的推广作用啊！

4 月，是管控。到了 4 月，发现了问题。因为有些人播得不好。比方说，有的人口音带有方言，有些人直播技巧不行，连直播间的灯光都不会弄。后来就发现，全员做直播，如果都这么上，不是推广品牌，而可能会给品牌带来伤害。总有一些人在直播时的形象、话术不太对。

这时，我们就发现要选正确的人做直播，开始做减法。从开始每个店有两个人播，到一个地区选两个人播，再到最后，我们选了 7 个主播，做基于微信私域流量的中心流量分发直播。比如一次我们在安徽做直播，一组主播在直播时，全国的同事在自己的朋友圈分发直播链接，还分发到我们的 3 000 多个微信群，这就做到了几十万人观看，当天销售额破 170 万元。当时统计，安徽这个店的销售额只是 2 万多元，其余的是全国各地门店推广的。我们通过二维码辨识，分配统计各自业绩。

后来我们就要求，全天微信直播就一个人播，而这个主播要经过精心挑选、培训后上岗。全国各地做分发推广。再有我们在天猫做直播，就发现现在很多人的习惯已经改变了，特别是女生。她们详情页都不看了，要么看短视频、要么看直播，然后就下单。今年，无论是天猫还是微信，直播发生了巨大的变化。以前我们直播是偶尔做，现在是有3个专职直播岗位的人在做，而且还有外包公司也在做。

我们经历了几个阶段，直播开始的时候，因为是在疫情里求生存，想多卖货。但是在实际的过程中，发现是直播起到了很好的品牌推广作用，还有拉新的作用。但是，不能一直打折售卖，这样会把品牌耗尽。后来我们的KPI（关键绩效指标）也就不要求卖货至上。对于品牌而言，直播是在电商端的店里，有人在回答客户问题、与他们互动交流，我们更多的是对客户的服务、产品的讲解介绍。虽然要做销售，但销售不是唯一的考核。这样就起到了现场与客户互动交流、产品详情讲授及客服的作用，增强了粉丝的黏性。直播起到了交个朋友的作用，而不是死皮赖脸推销卖货。

问：您对直播电商的未来状态是怎么看的？

答：我个人对直播电商是非常看好的。第一，我认为直播电商将是常态。短视频和直播，将成为许多企业的标配。当然，我个人认为只讲直播不全面，还有短视频，可以叫视频电商，因为都是视频，或者叫直频电商。第二，直播将会越来越规范、专业。主播是要经过培训的，如果违规违法，都会受到相应处罚。第三，企业、品牌方一定都会去做。官方直播数量一定会超过头部主播的数量。品牌，也不会仅仅依靠外部的头部主播做推广，一定会培养自己的主播。

问：您认为外部头部主播与企业自己的主播，会是一个什么样的关系？

答：就像我们平时居家过日子，平时我们都是自己做饭在家里吃。偶尔来亲朋好友或者周末打牙祭，我们就到外面吃大餐。这两种方式，都叫吃饭。请头部主播，就是到外面吃大餐，自己的主播，就是居家日常餐。但是，你总不能天天吃海鲜大餐。一是成本太高，二是身体吃不消，你的运营能力也负担不了。

外部的头部主播非常棒，相当于给你的品牌做一场大促、做一次快闪，但是品牌总不能天天做大促、天天做快闪，还是要以门店经营为主。二者，都不可以忽视。

问：外部头部主播给我们品牌方带货，往往拿的是全网最低价，会不会对我们的实体或日常销售有不利的影响？

答：每一个品牌的策略不同。林清轩在请外部头部主播直播带货的时候，价格也不会有太大的变动，因为价格太敏感了。你看一些国际知名品牌在直播的时候，它的价格也不会有太多变动，只是送小样。请头部主播带货，对于品牌的推广有非常大的作用。能够让头部主播带货，说明你这个品牌是受人欢迎的品牌，广告的价值还更大些。

问：您觉得直播与线下门店是一种什么关系？

答：举一个例子，比如我们请头部主播，假设他卖了2万单，这其中80%～90%是新客户。按80%算，就有1.6万新客户。正常来说，这1.6万客户收货之后就结束了。但是，我们会把客户资料数据整理出来，让线下的导购跟进后续服务。

假设一个北京的客户在薇娅直播间买了林清轩的产品，我们的数据显示，这个客户的收货地址离我们北京的太古里只有850米距离。我们就会把这个客户的联系方式同步给我们的门店。导购同事就会主动加客户微信，告诉她“我是您的林清轩专属美肤顾问。您刚刚在薇娅直播间买了林清轩的山茶花润肤油。关于使用的方法，我可以给您建议和指导。您如果不是特别了解，我们的太古里店离您只有850米。您有时间的话，可以到店里来。我们还会给您两次免费的面部SPA护理，另外再送您一些护肤产品”。

不管客户有没有来店，她心里都知道了林清轩这个品牌在高端百货里有直营店。她就会进一步增强对品牌的信任感。20%的客户会到店里来，在店里做两次面部护理之后，客户的连带销售就来了。从原来600~700元的客单价，到了上千元客单价线下店就有了动力。线上直播在为线下导流。

对于线上，我们也统计过，那些在线下买过产品的客户回到线上，她的客单价也提高了。因为她更了解你这个品牌，她可能从单一了解山茶花润肤油，到知道品牌有更多的好产品，她的客单价自然提高了，线下增强了客户的体验感和对品牌的认知。

线上、线下形成了一种闭环融合，对于品牌就形成了一种正向循环。

问：最后，请您总结一下对直播电商的看法。

答：直播代表了电商时代与顾客沟通交流的新方式。我们不要留恋过去，要不断拥抱变化。不要拒绝一个新事物，与其坐在那里讨论对不对、好不好，不如带着团队上去试一试、做一做。创始人最好亲身参与，才能知道一线直播的辛苦。多与外部的 MCN 机构合作、交流，再有就是让专业的人做专业的事情。

垂直头部主播——酒仙网拉飞哥

2019 年，酒仙网开始在抖音上打造拉飞哥这个账号，主攻短视频带货。2020 年 3 月 1 日开始直播带货，截至 2020 年底，该账号已经成为拥有 410 多万粉丝的大号，年销售额 4 亿元。2020 年 9 月的销售额突破 9 000 万，超 46 万单，销量排名成功跻身包含淘宝、抖音、快手在内的全网主播 Top50 强，成为抖音平台酒类目带货主播第一名。

我采访了酒仙网拉飞哥的主播路平。我们来看看他的经历有哪些值得学习的地方。

问：怎么开始在抖音里直播带货的？

答：拉飞哥这个抖音账号原来是做短视频带货的，目的就是给淘宝店铺引流。因为那时候，抖音还没有直播带货。但是，我们一开始就认为，短视频带货和直播带货是商业模式的升级，而不是简单的流量变现工具。

做零售、做营销，最重要的是流量。流量来了之后，加之产品、价格的配合，才有后面的成交。传统线下，一个营业员一天能接待多少顾客？最多 80 个。但是我们一个短视频，像拉飞哥这样的账号，普通的一个视频就有百万左右的播放量，这就是指数级的曝光量增长。现在开一场直播，平时是 50 万~100 万的流量，搞一场大活动会来 200 万~300 万。

这种商业模式的升级，不单单是流量增多了，而且升级了电商。原来用户在网上看产品，只是看到一张图片、一段文字的介绍，这就是传统电商与线下实体相比的一个劣势。它的互动、体验、场景都是有不足之处的。买衣服不能试穿、买酒不能拿起瓶子看一下。但现在的短视频和直播，就把这个短板给弥补了，除了有主播的试穿，还有主播的试吃、试用以及对产品的讲解，销售更加直观。

我们是在 2020 年 3 月 1 日做了第一场直播。当时因为疫情影响，人员也无法出差，很多事没法做，有许多员工还没回到公司上班，所以就尝试做了直播带货，没想到第一天直播就卖了 120 多万元。当时，有一个红酒的视频火了，就开播，到 10 月播了有接近 200 场。

问：能够把账号做起来的经验是什么呢?

答：要做一个账号，就要打造一个完整的闭环。一方面要有内容，因为内容是打造人设、吸引流量很重要的一个点。另一方面，是形成商业闭环，要有供应链。

一个账号做起来，最终不是看有多少粉丝量、多少点赞和评论，而是看有没有变现能力。有些账号几千万粉丝，但是带不动货。所以说，首先你做一个账号要想明白是干什么。只是为了自娱自乐，那么搞笑一点儿、吸引人就可以。但是为了变现，一开始就要有目标。酒仙网拉飞哥这个账号，由始至终都是围绕与酒有关的话题，都围绕人设的打造、产品的话题，都以变现为前提的。

问：短视频引来的自然流量与花钱买的付费流量，哪一个作用更大?

答：2018~2019 年，抖音是红利期中的红利期，有好的内容，就能有很好的流量。那时做内容的人很少。但是到 2020 年 7 月以后，做内容变现，免费流量就比较难获得。短视频是免费流量，如果一条好玩的视频火了，对于加粉和产生认知有用。如果这是一条带货视频，那这个流量就更精准。付费流量可以精准点儿，但是成本高!

问：我看您直播时有一招“明星赋能”非常棒，与明星合作给自己流量赋能，又用专业弥补明星的短板。这是怎么想到的?

答：这个就是内外结合。自己播是内，请明星就是外。

请明星有一定的风险，主要是因为专业度，怕的是明星有流量但变现能力弱。一般的明星直播一场 400 万 ~500 万流量是经常的事。好的时候，直播间能够来 1 000 万 ~2 000 万人。对于我这样的专业主播来说，来这么多人可能就能卖到 1 000 万元，甚至 2 000 万 ~3 000 万元的货。

所以，一开始我去助播，相当于我帮明星。但其实后来也是明星帮我赋能了，让更多的人认识了我。

问：直播这一年，碰到的最大困难是什么？

答：最难的是，这是一个体力活。做内容、做产品、做流量，都是日常工作，可以有人替换。但是，主播每天都得坐在那里直播，因为团队都是围绕你的。

问：您是天天播吗？

答：偶尔休息。像“双十一”这样的旺季，就是天天播。

问：您认为，如果要做一个像您这样的大号，需要具备哪些要素？

答：我个人的经验是，第一，要从短视频内容做起，做人设的打造，包括你想吸引什么类型的粉丝；第二，人非常重要，不是每一个人都能做直播的。在短视频里，有些人可能怎么拍都行。因为是团队创作，短板是可以弥补的。但是做直播，完全不一样。一个优秀的主播要懂专业，还要有阅历、经验、颜值、口才；第三，如果你有比较好的内容创作能力，也有比较合适的人选，你还要考虑能否搭建起商业闭环。像我们有自己的产品、有供应链，我们可以直接带自己的产品，不用像其他号再去选品、洽谈。有时候想天天播，也没有东西可卖。

问：您认为直播电商现在处于什么发展阶段？

答：任何一个事物都有它的生命周期。从现在来看，我个人觉得从电商角度而言，抖音的直播带货，还处在初级阶段。抖音原来都是给别人引流，现在刚刚开始成立电商部门。我把直播电商看作是商业模式创新，所以它不是简单的工具创新，所以我认为它在未来相当长的一段时间内，还会快速发展。

第一，未来在抖音电商这块，免费流量会转向付费流量；第二，它会越来越规范。一些伪劣的产品、不规范的直播间用语、打擦边球盈利的方式会越来越少，它会有越来越多正规的企业、好产品进场；第三，越来越多的企业会重视直播电商，虽然可能在初期很多都玩不转，但是不妨碍它们的重视和进步。

问：像您这样的账号，可复制吗？

答：如果能够把“内容、人设、供应链”三点打造好，形成闭环，就可以做类似的事情。但是，我认为核心在人，在主播的培养。

问：企业培养主播成本是不是很大？

答：是风险很高。有可能重金打造的账号带不了货，也可能花了钱，还打造不出来。内容不吸引人、人设打造没定位、没有流量，还有主播做着做着体力不行、意志力不行，都可能造成半途而废。主播要天天播，每天可能熬夜到很晚。这对任何人都是挑战，对体力和心理都是很大的考验。

问：您对直播电商的看法是什么？

答：找对方向，无论哪个行业（食品、美妆、服装），对任何人都是机会。特别是对有想法的年轻人而言，更是一个机遇。现在找工作或者创业都很难，但是直播电商是一个新兴行业。对每一个人都是公平的，都在一条起跑线上，都有机会。

美妆大号——大分子实验室顾博

大分子实验室的主播是一个男性。听这个账号的名字，你可能根本想不到这是一个美妆账号。主播姓顾，中科院的博士。平时，我们都叫他“顾博”。男士播美妆产品，还是一个博士坐在直播间，这也成就了他直播间的与众不同。短短半年，大分子实验室这个账号就突破了百万粉丝，成为美妆带货个人网红号中的佼佼者。几乎他的每个专场直播，都能达到百万以上的销售额。

顾博：我们这个团队很小，主要收入来源有两部分。一部分是广告，另一部分是直播。像我们现在这样的短视频广告投放的ROI，平均是在1：3到1：10。

连云驰：那这个数据非常好了！假设品牌方投10万广告费，直接带货销售额就可以达到30万，甚至100万。这个数据太棒了！一般我知道，化妆品的毛利较高。如果投放达1∶1.5到1∶2，数据就算很好了。这个广告不仅是广告宣传，品牌方的投入还都马上收回了。

顾博：对！所以，你会发现别的美妆博主带的货会经常换，而我们带来带去就是那些产品，我们并不想薅一波羊毛就走，那些都是经过精心挑选和检测的产品。因为我们的投放效果好，那些合作品牌也愿意跟我们深入合作，粉丝也很信任我们，复购率也很高，大家谁都不要把谁当傻子，这样才能进入比较良性的循环。

最近，我们有所改变。我们发现直播越来越重要，所以我们在“双十一”之前就开始发力直播。

连云驰：现在的单场带货销量有多少？

顾博：大活动每场在100多万元，我们的品类很少，但是客单价比较高。有几个专场直播的客单价做到了300多元。大家知道目前抖音里的高客单，一般的主播还是比较难卖的。

连云驰：是因为大家都信服你博士的人设吧？

顾博：对。都会从专业的角度去讲，但是更重要的是推荐的产品好，我们抖音的带货口碑是4.97，这样的带货口碑在抖音美妆类目可以说是罕见的。

连云驰：那天，我在看你直播介绍褒曼霜，拿一本《纽约时报》畅销书往桌上一放，绝对就非常令人信服啊！您这是经过设计的吗？

顾博：其实，每次我接一个产品，我就会想，怎么和消费者讲这个产品。首先必须非常认同这个产品，其次这个产品要适合我讲，要知道，不少美妆产品，纯粹就是靠广告打得响。有技术含量的产品，真的需要用心辨识和选择。所以，我们愿意与那些有真材实料的企业合作。这符合我们的专业人设。我们会讲一些原理，讲功效，而不是单纯讲价格。有些主播在播的时候演戏、争执价格，这个不利于客户、不利于长远的发展，我们不会做上不了台面的事情。

连云驰：您是怎么想入场做直播带货的？

顾博：账号做起来是在疫情期间。起步时零粉丝，一点点积累上来。疫情之前，关注短视频的人多，我们原来是想做短视频广告的。那时直播以娱乐主播为主，带货主播不多。我们特别能够感受到，抖音在去年疫情期间对于直播有流量扶持。比如，如果你直播，那么你之前的短视频都会被加热。所以，我们也要拥抱变化，就开始直播。

刚开始也没有想到直播带货。我就想去科普一下美妆护肤品的知识。然后，讲着讲着发现大家其实不怎么爱听。因为抖音是一个娱乐的平台。大家白天上学、上班，晚上还会来听我上课吗？大家其实不想听课。到我直播间是来娱乐聊天的，他们就是相信我的人，就想来买我推荐的东西。

所以，在这种情况下，我们就开始尝试直播带货，和一些品牌合作。后来我们发现抖音平台的变现路径也在转变，也在发力直播带货。所以，我想我们不要错过一个有可能发展的机会，就主动尝试，最后摸索出来一条适合我们自己的发展道路。

连云驰：你的人设，有没有专门设计？

顾博：完全没有专门的设计。为什么有些账号做死了，尤其是我们这种护肤硬核科普号，直播是绝对演不出来的。我就想，我是什么样的，我就如实展示出来，大家看到的就是真实的我，我觉得有个性、三观正，就会有人喜欢。

连云驰：对，这个其实就是你自己的专业人设。

连云驰：你直播间的流量是怎么来的？是打信息流、鲁班广告吗？

顾博：我们现在几乎就是纯自然流量，会投放一些“抖加”，但是投入很少。鲁班和Feed流，投放效果不好，ROI比较差。因为投放广告来的流量是直接到直播间，可能对于我的专业不了解，也听不懂，所以转化率就不好。而且，我觉得归根到底还是要看直播间的内容，烧钱投流量不利于长期的发展。

连云驰：你基本都靠短视频的自然流量，一场直播做100多万元销售额？太厉害了吧！

顾博：对，我几乎不投流量，基本就是纯自然流量。直播间的同时在线人数其实不多，账面看起来不好看，也就几百人同时在线，但是就能卖出来，转化率高，品牌方也很惊讶。

（听到这里，我惊呆了，纯自然流量，也就是不花一分钱广告费，每场直播做到上百万销售额，观众对这个主播的信任度得多高啊！而且，短视频的播放量、直播间的权重做得有多好啊！）

其实，我们也想投广告，但是效果不理想。所以就没怎么投。砸钱之后，直播间人会多，看起来好看，但我喜欢实实在在的，还不如把钱省下来给直播间粉丝送点儿礼物，大家都实惠，而且效果更好。

连云驰：我是这么理解的，现在到你直播间的人，大多是你的粉丝。通过你的短视频，认识了你，对你产生信任，所以到你直播间就会很容易产生销售转化率。而通过广告投放进来的观众，可能就比较陌生，对你还不了解，所以转化率也就不高。交易的底层逻辑是信任。你直播的方式，是讲产品价值。与其他一些主播烘托氛围、杀价卖货的方式不同，客单价又比较高，所以直接做广告的转化效果就不如其他主播。但是，这样直播的方式也很好，很健康，很良性。

连云驰：你的内容是怎么规划的？怎么吸引精准粉丝？

顾博：我就想，把专业的内容做得通俗易懂，再结合一些市场热点和大家关心的问题。这样粉丝自然而然就来了，也就吸引到所谓的精准粉丝。

连云驰：直播技巧是怎么磨炼的？

顾博：我就是看别人直播，东学一技、西学一招，看看哪些直播技巧和表达方式适合我，然后慢慢形成自己的风格。

连云驰：你在直播时，观众人数如何？

顾博：我发现我在平时讲知识的时候，人不多。做活动卖货，人反而多，特别是周末。平时，我们直播间同时在线就两三百人，做大活动大概上千人，都是真实在线人数。

连云驰：直播时，你工作室有几个人在直播间？

顾博：我们很简单，加我就两三个人。助理帮我递递产品、讲讲优惠规则而已，我们用的都是品牌方的链接。他们晚上开播前，把销售链接发给我们，我一个个讲就好了。

（讲到这里，不得不提一句，专业类博主自己就是流量担当。几个人就能起盘流量，销量也不差。但是这个对主播的知识储备、能力储备是一个挑战。）

连云驰：你是怎么看待直播电商的？

顾博：我觉得就是把线下店开到网上。原来营业员在线下店里吆喝，现在在网上直播间里宣传。我现在把自己定位在一个自媒体号，用自己的专业能力帮品牌方做推广。

连云驰：你为什么不做自己的抖音小店？

顾博：首先我觉得没必要什么都做，我本身也只喜欢安利产品，不喜欢自己卖产品。它们的角色是不一样的，安利产品时这个产品不是我的，我只推荐好的，但卖产品就不一定了。其次发货和售后，我们人手少也做不过来。

（看到了吧，个体网红主播，只要关注流量端，发挥自己的长处就好，不需要面面俱到。）

连云驰：人、货、场，你觉得做的有短板吗？

顾博：我们内容做得好，所以品牌方愿意主动给我们合适的价格。我们既帮品牌做广告，还帮它直接带货。所以，我们还是有价格优势的，特别是在货这个方面。

连云驰：做直播，你有没有踩过什么坑？

顾博：大的没有，小的不断。大的坑没踩，是因为我们没有投入很多的钱做直播。特别是流量费这些都没有砸，而且我们的选品较专业，没有翻过车。小的坑，其实就是不断适应平台的规则。还有，比如品牌方没有和我们签保价协议，没有拿到全网最低价，这个就是经验不足。

淘宝、抖音、快手、微信直播间的异同

直播电商平台有很多，比如淘宝直播、快手、抖音、拼多多、小红书，还有微信直播。它们分别有什么特点？我们以哪个平台为主做直播？

在做出选择之前，我们首先必须问自己是做什么的。

是品牌方、经销商还是一家 MCN 机构，又或者仅仅是个人创业？角色的不同，对于直播业务的解决方案是不同的。如果你是品牌方，对于直播有两种选择，一种是内部培养主播，另一种是外部合作主播带货销售。

我们先看淘宝直播，目前它正在加紧推动企业直播和内容短视频化。今天每一个平台都缺流量，淘宝更是。因为淘宝体量太大，而本身缺乏内容和社交的流量入口，这些流量入口，大都被掌握在头条系、腾讯系手里，阿里巴巴需要花大量的成本外部采购流量，所以阿里巴巴的流量成本很高，这就导致商家广告成本

的水涨船高。

目前淘宝主播10多万，每天的DAU（日活跃用户）过亿，但是我们看看这1亿DAU中，薇娅的直播间每天的观看量是多少？常常是千万级别，李佳琦的直播间也常常是千万级别观看量，再加上其他的一众明星主播分流，可想而知10万中小主播能获得多少流量。在这种情况下，企业想捧红新人，再孵化出一个或者几个明星网红，基本上是难上加难。因为，直播是一场零和游戏，大家都在抢夺用户的时间。用户在某一个时间进了薇娅的直播间，就没法去李佳琦的直播间；到了李佳琦的直播间，也就没有办法来你的直播间。

对于新人主播，你需要花多少成本做孵化？淘宝天猫，早已成为名品的汇聚地，中小品牌想要突围，难度极大。想通过淘宝直播增长业绩，选择外部主播为主、自有主播为辅的方式，将会是较合理的选择。

淘宝的优秀主播，首先是一个超级导购，这个角色是进化而来的。早期淘宝，只要简单拍几张照片上传，只要看得清产品就行。后来竞争激烈了，大家开始请模特、淘女郎。而后，又去请网红、请明星、换场景、做内容。再后来的淘宝直播，是对内容的升级。从初期的几千到现在超过十万主播，消费者慢慢养成了看直播的习惯，培养了不少知名头部主播。这些头部KOL，对于流量的虹吸力是极大的。

企业找知名主播带货，相当于花钱批发买流量。薇娅这样的头部主播，就是流量的批发商。

抖音和快手，是基于短视频发展起来的直播平台。因为短视频可以打造人设，且平台的分发机制有利于长尾，所以对于普通人而言，这条赛道还有机会。对于中小卖家而言，同样有机会建立自媒体内容阵地，进而引流到直播间。对于品牌方，更可以通过短视频提高消费者认知度，增强信任感、好感。

大家都在争夺用户时间，而抖音、快手的内容制造，更能吸引用户，让用户关注、喜欢、信任。人们在手机上的时间越来越多，好内容带来流量，流量带来成交。

那么，什么是内容？图文是内容、短视频是内容、直播也是内容。通过内容的传播来积累粉丝，进而转化成交，是在抖音、快手上实现快速变现的路径。

每个人都有自己做内容吸引粉丝的方法。直播电商的短视频吸引粉丝一定要有垂直人设。在抖音上，常常有粉丝量过百万的大号，销售带货不如十几万粉丝号的情况，这就是人设不垂直。如果你平时都在讲感情故事或者是电影剪辑，然后开直播卖货，这样的粉丝量虽然多，但是很难带货，因为这些粉丝就是喜欢看短视频而已，对于你的直播带货不感兴趣。而直播电商的主播，在短视频里就是介绍产品或者介绍自己和产品的关系，用户从一开始，就知道他们的号是在带货的。这样的粉丝，自然销售转化率高。有一个叫“咸鱼吴小美”的抖音号，演的就是一个95后的小姐姐每天迟到，穿着睡衣就来上班了。她这个人设号里，直播带的货就是家居服和睡衣，销量就非常不错。观众通过号认识了人，也了解了产品还有人与产品的关系。这样的号，销售转化率就高。

直播本身就是内容，比如一个穿搭账号，短视频拍的是服装穿搭，观众因此来到直播间。你在直播间里看这一套好看、那一套也好看，主播就会给人很会穿搭的感觉，这就能吸引人。直播的本身，就是内容的传递，会吸引很多粉丝。我们经常看到一些大码女装的账号，主播给你演示服装上身以后的样子。好的服装，能够掩饰你身材上的缺陷。而这样的主播一来让人记得住，二来销售转化率也高。

在快手里，涨粉有一招，挂榜求关注。也就是你找到那些大号的主播，你在他的直播间里刷礼物，进入榜单，主播就会给你喊关注。还有一种是打榜卖货，也是你给主播刷礼物，然后他和你连麦，你就可以借助他的连线，吸引新的粉丝，卖你的产品。当然，运营要测算卖货数据和涨粉数据，计算投产比。

抖音、快手的直播，一定要先定人设，后开直播。只有这样，直播才能有更高的转化率。正是因为这样，抖音、快手平台，对于 MCN 就相对友好一些。因为消费者是喜欢账号上的这个人设，进而到了直播间，再实现销售转化。而对于品牌自己做企业号，消费者的距离感会强一些。毕竟，品牌诠释不能仅仅依附于某些人，而人的温度感，一定大于产品本身的温度感。人，可以宠粉。而产品，只是产品。

通过视频吸引人，或者在直播时通过打榜的方式吸引粉丝，这是一种“人圈人”的方式。而在直播间里，你给观众福利，售卖高性价比的产品，就是一种“货圈人”的方式。

做直播，一定要做好“人圈人”“货圈人”这两种方式。

微信也开始开放直播了。微信的流量是基于社交的流量。故此，开直播时把邀请发到群里和朋友圈里，能够引来的大多是认识你的人。正是这样，比起抖音、快手这些陌生人直播，微信社群直播间里，熟人会更多，要么是你的朋友，要么是你朋友的朋友，直播间的氛围也会比较融洽。他们是通过你自己或者朋友的转发引流到直播间的。

所以，微信的直播，更侧重于私域流量。但它有其短板，就是流量入口取决于你平时积累的粉丝数量。你的积累多，人就多；积累少，可能直播时人就寥寥无几，往往就是自己的朋友和朋友的朋友几个人。所以，做微信直播就一定要注意平时私域流量池的建设。特别是企业，平日里要多注意通过企业微信积累沉淀粉丝，建群增强互动，注意在朋友圈发内容互动。这样，你的粉丝才会有热度。他们平时关注你、了解你，之后直播带货或者提供各类服务乃至做知识类培训等都可以通过增强粉丝黏性，实现销售转化。

拼多多的直播，有其独特性。在它的直播体系里，没有中间商，也就是没有 MCN 机构。淘宝直播、快手直播、抖音直播，都有中间 MCN 机构，机构要收取佣金，大一点儿的机构还要收取服务费。而拼多多全部都是商家主播，基于店铺做直播。流量是根据推荐算法得来的，谁的直播热度靠前，谁就有更大的推荐量、曝光量。这对于懂直播的中小企业而言可能就是一个机会，你去找那些大的拼多多的厂家，它们有供应链，你帮它们把拼多多直播做起来。这样，你经营流量，对方提供供应链，双方合作共赢。

后记
Afterword

本书完稿是在 2020 年末。大家的拜年贺词大都是“实‘鼠’不易”“‘牛’转乾坤”。的确，经历了 2020 年一整年的“不容易”，我身边做企业的大大小小的“老板”“创业者”“企业家”都对新年充满期待。但我想，在之后的每一年，我们都还是得勤勤恳恳地耕耘，做一头“老黄牛”“孺子牛”“拓荒牛”。创业者，时时刻刻都得满怀希望，然后战战兢兢、如履薄冰地探索前行。

直播电商，着实火了一把。但是 1996 年就接触互联网的我，在经历了许多跌宕之后，对于各式各样的“风口”其实早已淡然。

我在 1991 年进入邮电系统工作，1996 年首触互联网，参与“上海热线”的建设。当时还是 modem 拨号上网的时代。我看着 2000 年前后的 QQ 悄然崛起，2003 年的淘宝萌芽，2009 年阿里巴巴电商开始“双十一”突进。是年，自己终于也忍不住从电信行业辞职，“下海”创业。2011 年是微博最风光的时刻，之后马上画风一变，2013 年微信赢了微博，抢到移动互联网的第一张“船票”。接下来的 2015 年，“互联网 +”大火一时，颠覆式创新大行其道，2016 年拼多多成立，2017 年共享单车，2018 社群电商，2019 年私域流量，2020 直播电商……

几乎每一年，互联网都有大词出现，也好像总有“大风口”。但是，看到风口再想去追的时候，一定是晚了。抓得住“起于青萍之末”机会的人，毕竟是少数。

然而，直播电商不同。这次，真的不一样。

直播电商不是风口，而将是常态！

就像传统电商曾对于线下商业的冲击一样，这一次的“直播电商”必将冲击“传统电商”，“人找货”与“货找人”的底层逻辑的不同，使得基于精准用户的“找货宠粉”模型与基于用户行为的“货架搜索”模型，形成鲜明的对比。直播电商，对于供应链的要求更加苛刻，对于销售人员更加有压力，对于流量获取和销售转化更加有挑战。但也正是这样，谁先参与直播电商、占位消费者心智，谁获得的直播红利自然更早、更丰厚。

2020 年，因为做生意太难，我们才发力做了直播电商。那时，我是多么希望能有高人指路，贵人相助。所幸，在一些朋友的帮助下，我亲自操刀实践 10 多个直播账号，登门拜访了数十家不同类行的直播企业和 MCN 机构，几乎每天晚上花费 3~5 小时观摩各种直播间。从账号规划到自己当主播、从起号留粉到直播转化、从账号运营到店铺运营、从主播培养到供应链整合，我带领团队实践了直播电商的各个环节。由此总结了直播电商“定位人设、精准选品、疯传作品、爆单播品”的四大关键步骤，以及不同打法战术。

过去一年多，无数次煎熬、无数次难堪、无数次摸索，终于总结出一些心得，凝结在今天这本书里。我真诚地希望能够把自己在摸索过程中的体会，分享给读者，并且对读者有帮助。

在写这本书的过程中，我力求从“道”的层面讲解直播电商背后的逻辑，而不是仅仅囿于技术层面，仅仅就“术”论“术”。我希望，它能够讲清直播电商背后的销售逻辑。因为我能力有限，书中有许多不足，也有许多地方讲得不尽完善。特别是在操作层面，限于不同直播电商平台规则的迭代更新，我无法一一阐述。如果您有疑问，可以添加我的私人微信号 lianliankan618，或者关注我的抖音账号 lianliankan666（*@决胜直播连 Sir*）互动交流，我会改进，交出更好的作业给您。

我要感谢广东万邦化妆品有限公司周昭阳董事长，正是我在其公司担任营销顾问期间，有了这本书的雏形。我对于作品、选品、播品的很多实践认知，也是在操刀万邦化妆品公司 *@兰瑟 lansur 彩妆*账号时逐步形成的，在本书中我列举了实践中的几个案例。

感谢广东天天好日子食品有限公司张贵忠董事长和张楷佳先生。作为“创二代”的楷佳具有非常强的执行力，在疫情期间其账号 *@好日子食品*一炮而红，销量斐然。让我看到了直播电商的大机遇，也增强了对这个商业新物种的信心。而今，楷佳的流量矩阵打法也是可圈可点，非常让人欣慰。

感谢林清轩的孙来春大哥，酒仙网的郝洪峰、路平兄弟，大分子实验室的顾博士，你们的实践为本书增添了不同维度的专业贡献，不论是企业自播还是达人带货，生动的案例让人可以看见直播电商的真正价值。

感谢汕头奇伟实业有限公司董事长周坤江先生、广东滨适旺纺织科技有限公司董事长胡汉滨先生、广东乐奇婴童用品科技有限公司董事长陈景雄先生、广东欣荣食品有限公司洪媛女士、汕头市凯普霆文化传媒有限公司董事长陈亮博先生、广东五星玩具有限公司许曼娇女士、汕头英盛企业管理顾问有限公司纪传盛先生等。在给各位提供公司咨询顾问服务期间，教学相长让我得到了很多的成长、学习机会。

感谢我的前老板、娃哈哈公司的宗庆后先生，杉杉集团董事局主席郑永刚先生，福礼惠公司董事长王红新先生，我从前辈们身上学到很多做人、做事、创业、管理的宝贵经验。

感谢我的合作伙伴谢斯泓（小兔），在疫情期间，我们一起开始了探索实践，并帮我做了许多最基础的实践。

感谢袁璐老师，是你的催促和鼓励，让我尽快完成了本书的写作。你提出的建议，让我把书稿改得更为流畅。或许读者们一天就可以看完本书，但是打磨书稿的确花了我和袁璐老师半年的时间。

欢迎您关注我的抖音，加我微信。因为直播电商不断在迭代，我相信还有很多实操手册以及最新的业务进展，可以与您一起分享。

让我们一起携手探索前行！

致敬！

连云驰

2021 年 2 月 28 日，于广州

参考资料
References

1. 《邵恒头条：什么是王牌销售的秘诀？》，得到 App，2020.8.4
2. 《我们的信任》，[美] 布鲁斯·施奈尔著，机械工业出版社，2013.5
3. 《进化心理学》，[美] 戴维·巴斯著，商务印书馆，2015.10
4. 《如何把产品打造成有生命的品牌》，叶明桂著，中信出版社，2018.2
5. 《引爆点》，[加] 马尔科姆·格拉德威尔著，中信出版社，2014.4
6. 《创新的扩散》，[美] 埃弗雷特·M. 罗杰斯著，中央编译出版社，2002.6
7. 《国富论》，[英] 亚当·斯密著，商务印书馆，2015.6
8. 《魔鬼经济学》，[美] 史蒂芬·列维特、[美] 史蒂芬·都伯纳著，中信出版社，2016.9
9. 《怪诞行为学》，[美] 丹·艾瑞里著，中信出版社，2017.11
10. 《竞争战略》，[美] 迈克尔·波特著，中信出版社，2014.8
11. 《疯传》，[美] 乔纳·伯杰著，电子工业出版社，2020.4
12. 《吸金广告》，[美] 德鲁·埃里克·惠特曼著，江苏人民出版社，2014.8
13. 《思考，快与慢》，[美] 丹尼尔·卡尼曼著，中信出版社，2012.7